KB062911

한글·한문·부기쓰기의 완성판 !!

상업계 교과서에 따른

종합 상업 펜글씨 교본

편집부/편

■ **이책의 특징 !!**

● 한글 – 장자체·흘림체
  가로·세로 쓰기
● 한자의 짜임과 기본획
● 상업한자 2자, 3자, 4자, 어휘

■ **부록**

● 전국 시·도명쓰기
● 전국 지명 쓰기
● 약자·속자 쓰기
● 경조·증품 용어 쓰기
● 개업 안내문 쓰기
● 준공식 초청장 쓰기
● 개업 안내문 쓰기
● 준공식 초청장 쓰기
● 입사추천에 대한 감사의 글
● 아라비아 숫자 필법
● 아라비아 숫자 쓰기
● 문서 발송부·접수부
● 품 의 서
● 한자 숫자 쓰기

太乙出版社

머 리 말

　글은 곧, 사람의 성품과 인격을 우선적으로 알 수 있는 것이기에 그 사람의 글을 통해 성격·행동거지는 물론, 대인관계는 원만 한가, 신용 정도는 어떠한가 등을 점칠 수 있는 교감까지 인지할 수 있다. 글을 잘 쓰고 못 쓰는 것에 대한 차이는 일상에서 아무런 이해관계가 없는 듯 보이지만 자신의 행운과 불운이 학생의 선생님, 직장의 상사, 서류전형의 면접 심사위원 등과 같은 분들의 호감과 불쾌함으로부터 등락 내지는 합격과 불합격, 성공과 좌절 등이 비롯될 수 있음을 간과해서는 아니 될 것이다.

　현대는 무기없는 경제전쟁 시대라고 흔히들 말한다. 이제 경제나 상업에 관한한 전문가의 자료상식이 아니라 개개인의 일상의 상식으로까지 파급 되었음은 어제 오늘의 사실 아니기때문에 더이상 말할나위 없겠지만 인문계를 나왔든 비전문가이든 상업상식을 습득하지 못한다면 신용사회에서의 문맹자라 일컬음 받을 것이고 고립감마져 들 것이다. 그리고 글을 정신을 모아 학습하거나 상식을 기조로 한 적극적인 사고를 하는 습관은 급변하는 시대에서 흔들림 없는 자기만의 중심을 얻을 것이다. 예로부터 마음을 잔잔히 하고 정성을 모아 글을 씀으로써 수양과 인격을 함양할 수 있다하여 인성교육의 열린 장이었다고 까지 한다. 여기에 현대 상식을 얹어 깊은 심연의 사고로 자신의 마음을 다스린다면 금상첨화가 아닐까 생각된다.

　본 상업 펜글씨 교본은 글 쓰는 연습으로 상업 어휘를 습득할 수 있고 한 글과 한자어휘를 같이 학습할 수 있도록 보다 체계적으로 단위화 하여 구성 하였다.

　본 상업 펜글씨 교본을 빌어 학습을 시도하시는 모든 분들께 학습정진에 있어 만족할만한 성과를 기원하며, 글을 잘 쓸 수 있는 비결은 정성과 끈기임을 폭로하면서 건투를 빌어마지않는다.

편 집 부편

일 러 두 기

◎ 바른자세

글씨를 예쁘게 쓰고자 하는 마음과 함께 몸가짐을 바르게 해야 아름다운 글씨를 쓸 수 있다. 편안하고 부드러운 자세를 갖고 써야 한다.
  ① 앉은자세 : 방바닥에 앉은 자세로 쓸 때에는 양 엄지 발가락과 발바닥의 윗 부분을 얕게 포개어 앉고, 배가 책상에 닿지 않도록 한다.
   그리고 상체는 앞으로 약간 숙여 눈이 지면에서 30㎝ 정도 떨어지게 하고, 왼손으로는 종이를 가볍게 누른다.
  ② 걸터앉은자세 : 걸상에 앉아 쓸 경우에도 앉을 때 두 다리를 어깨 넓이만큼 뒤로 잡아 당겨 편안한 자세를 취한다.

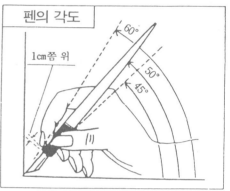

◎ 펜대를 잡는 요령

  ① 펜대는 펜대끝에서 1㎝ 가량 되게 잡는 것이 알맞다.
  ② 펜대는 45~60° 만큼 몸쪽으로 기울어지게 잡는다.
  ③ 집게 손가락과 가운데 손가락, 엄지 손가락 끝으로 펜대를 가볍게 쥐고 양손가락의 손톱 부리께로 펜대를 안에서부터 받치며 새끼 손가락을 받쳐 준다.
  ④ 지면에 손목을 굳게 붙이면 손가락 끝 만으로 쓰게 되므로 손가락 끝이나 손목에 의지하지 말고 팔로 쓰는 듯한 느낌으로 쓴다.

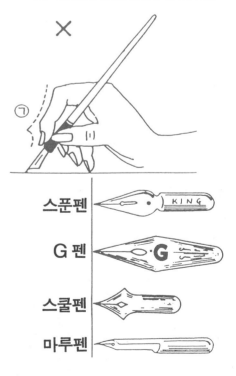

◎ 펜촉을 고르는 방법

  ① 스푼펜 : 사무용에 적합한 펜으로, 끝이 약간 굽은 것이 좋다.(가장 널리 쓰임.)
  ② G 펜 : 펜촉끝이 뾰족하고 탄력성이 있어 숫자나 로마자를 쓰기에 알맞다.(연습용으로 많이 쓰임.)
  ③ 스쿨펜 : G펜보다 작은데, 가는 글씨 쓰기에 알맞다.
  ④ 마루펜 : 제도용으로 쓰이며, 특히 선을 긋는데에 알맞다.

한 글 편

차 례

정자체 자음 쓰기 기초

		ㄱ	ㄱ					
ㅇ각을 20~30° 가량 비스듬이 한다.	"구, 규"나 "곡, 녹, 복" 등 받침 등에 쓰임.	ㄱ	ㄱ					
		ㄴ	ㄴ					
"나, 너, 남, 네" 등을 쓸 때 주로 쓰임.	"노, 누 느"나 는, 능, "눈, 둔, 준" 등 받침에도 씀.	ㄴ	ㄴ					
		ㄷ	ㄷ					
②는 ①보다 길게 약간 위쪽으로 삐친다. "다, 당, 더, 덕"	①과 ②의 길이가 비슷하게 "도, 독, 드, 들" 등에 쓰임	ㄷ	ㄷ					
		ㄹ	ㄹ					
①보다 ②가 조금 넓은 듯. ③은 몸체보다 길게 위로	"로, 르, 를, 루, 울" 등에 쓰임	ㄹ	ㄹ					
		ㅁ	ㅁ					
"머, 마, 명, 엄" 사각형에 가까운 "ㅁ자"가 일반적.	"무, 문, 뭉"이나 "남, 둠, 움"등 받침에 쓰임	ㅁ	ㅁ					
		ㅂ	ㅂ					
②는 ①보다 길게 "ㅡ"는 ②의 중심에 걸친다.	"보, 본, 봉" 이나 "봅, 납, 잡" 등 받침에 쓰임	ㅂ	ㅂ					
		ㅅ	ㅅ					
"사, 샤, 상, 식" "ㅗ, ㅛ, ㅜ, ㅠ"등에 쓸때는 ①를 보다 짧게, ②를 넓힘.	"서, 설, 셔, 성" 등에 쓰일 때 모음이 상하지 않게	ㅅ	ㅅ					

ㅇ은 둥글게 한획으로 처리하는 방법과 위에서 좌우로 굵게 쓰는 방법이 있다.	자음 ㅇ보다 조금 작은 듯 쓰며 받침으로 쓰여진다.							
"ㅇ" 공간이 같게 하고 "ㅗ, ㅛ"에 쓸 때는 더 벌린다.	"ㅓ ㅕ"등에 쓰이며 ① 부분을 안으로 움츠려 쓴다.							
"ㅑ ㅕ"에 쓰이고 "ㅇ" 부분은 같게한다. "ㅇㅗㅛ"에는 더 벌린다.	"ㅓ ㅕ"에 쓰이며 모음을 건드리지 않게 ①을 안으로 함.							
" "은 " "과 같게 하고 "ㅡ"부분은 아래서 위로 삐친듯.	"ㅗㅛㅜㅠㅡ"나 받침 등에 쓰이며 ①은 비교적 곧게 내린다.							
"ㅏ ㅑ ㅓ ㅕ ㅐ ㅔ"등에 쓰이며 "ㅇ"은 같은 넓이로 하되 아래 획을 길게.	주로 "ㅗㅛㅜㅠㅡ"나 받침 등에 쓰이며 가로획을 같게 한다.							
①의 세로획이 ②보다 짧게 하며 "ㅏ ㅑ ㅓ ㅕ ㅐ ㅔ ㅣ"등에 쓰인다.	가로획 위, 아래가 대체적으로 평행이 되게함 ("ㅗㅜㅠㅡ"나 받침등)							
"ㅇ"의 공간이 같게 하고 중앙점선을 중심으로 대칭이 되고, "ㅏㅑㅓㅕㅜㅛㅠㅣ"에 적용. 이때 받침에 쓰일 경우 약간 넓적하게 쓴다.								

정자체 모음 쓰기 기초

점선을 중심으로 아래가 조금 긴 듯 수직을 긋고 점은 약간 아래로.	ㅏ	ㅏ						
	아	아						
"ㅣ"를 삼등분하여 "①"은 약간위로 "②" 약간 아래로 향한듯 긋는다.	ㅑ	ㅑ						
	야	야						
"①"를 먼저 긋고 "①"의 만나는 부분이 "ㅣ"의 중심이 되도록 수직으로 긋음.	ㅓ	ㅓ						
	어	어						
"①,②"는 서로 안아 모으듯 먼저 긋고 수직으로 아래가 약간 긴듯 긋음.	ㅕ	ㅕ						
	여	여						
점선 중앙을 향하듯 오른쪽 위에서 왼쪽 아래로 삐친다.	ㅗ	ㅗ						
	오	오						
두점 좌우 위에서 아래로 모으듯 알맞게 긋고 "ㅡ" 약간 들듯 빠르게 긋는다.	ㅛ	ㅛ						
	요	요						
가로획을 약간 들듯 긋고 약간 중앙을 지난 곳에서 ①을 수직으로 긋는다.	ㅜ	ㅜ						
	우	우						

"ㅡ"는 들은듯 긋고 그 중심으로 왼쪽 밑으로 "l"보다 짧게 삐친다.	ㅠ	ㅠ						
안쪽 "l"는 오른쪽 "l"보다 짧게 나란이 긋는다. "ㅡ"는 사이 중앙 약간 위인 듯 긋는다.	ㅐ	ㅐ						
"ㅡ"는 먼저 긋되 점선 (중심)에서 오른쪽 위로 약간 삐친다.	ㅓ	ㅓ						
"ㅗ"의 "ㅡ" 왼쪽 아래 쯤에서 "l"의 중심을 향한 듯 긋는다.	ㅚ	ㅚ						
"ㅗ"는 "ㅚ"와 같이 하고 ㅇ부분 사이를 같게 "ㅐ"를 평행으로.	ㅙ	ㅙ						
"ㅡ"의 중심에서 왼쪽 아래로 짧게 삐치고 "ㅡ"는 점선 위인 듯.	ㅟ	ㅟ						
"ㅜ"는 "ㅟ"와 같이 하고 "ㅡ" 약간 아래에서 "l"의 중심을 향하듯 삐친다.	ㅝ	ㅝ						

정자체 쓰기 연습

집	ㄱ	ㅏ	ㅂ

받침 ㅂ의 오른쪽 세로획이 ㅏ의 세로획과 일치되게 한다.

겹	ㄱ	ㅕ	ㄴ

ㅇ부분이 너무 공허하지 않게 글자 모양새에 신경 쓴다.

가	가				강	강		
갸	갸				갈	갈		
거	거				걱	걱		
겨	겨				겹	겹		
고	고				공	공		
구	구				국	국		
규	규				균	균		
그	그				긍	긍		
기	기				길	길		
과	과				관	관		
궈	궈				권	권		
귀	귀				귓	귓		

날	ㄴ	ㅏ	ㄹ

ㅇ부분들의 간격이 고르게 하고 ㄹ의 세로획은 ㅏ의 세로획과 일치되게 한다.

눅	ㄴ	ㅗ	ㄱ

ㄴ의 시작점과 마무리점이 ㄱ의 시작점과 세로획의 폭이 일치되게 한다.

나				
냐				
너				
녀				
노				
누				
뉴				
느				
니				
놔				
눠				
뉘				

날				
낭				
넌				
년				
녹				
눕				
눈				
능				
닐				
났				
넜				
닌				

동	ㄷ	ㅗ	ㅇ

ㄷ과 ㅇ의 폭이 일치되게 하고 ㅗ는 가로획 기준에서 왼쪽이 긴듯 쓴다.

둑	ㄷ	ㅜ	ㄱ

ㄷ과 ㄱ의 폭이 일치되게 하고 ㄱ의 세로획을 너무 길지않게 유의 한다.

다	다			
더	더			
뎌	뎌			
도	도			
두	두			
듀	듀			
드	드			
디	디			
돼	돼			
되	되			
둬	둬			
뒤	뒤			

당	당			
덩	덩			
덜	덜			
동	동			
둥	둥			
둘	둘			
득	득			
딜	딜			
됐	됐			
된	된			
뒀	뒀			
뒷	뒷			

롭	ㄹ	ㅅ	ㅂ

ㅇ의 간격이 고르게 하고 ㄹ과 ㅂ의 폭이 일치되게 한다.

률	ㄹ	ㅠ	ㄹ

ㅠ의 왼쪽 세로획은 위 ㄹ의 아래 꺾인 부분과 일치된 곳에서 좌하향으로 삐친다.

라			
랴			
러			
려			
로			
료			
루			
류			
르			
리			
래			
뤄			

락			
량			
렁			
렸			
롭			
룡			
룰			
륜			
른			
립			
랜			
뤘			

면	ㅁ	ㅕ	ㄴ

ㅁ의 오른쪽 아래에 일치된 곳에서 ㄴ의 시작이 이루어진다.

못	ㅁ	ㅗ	ㅅ

ㅗ의 가로획은 ㅅ의 하향으로 굽게 삐친 획과 평행인 듯 좌하향으로 향한다.

마	마				말	말		
머	머				멍	멍		
며	며				면	면		
모	모				뭅	뭅		
묘	묘				못	못		
무	무				뭉	뭉		
뮤	뮤				뮌	뮌		
미	미				민	민		
매	매				맬	맬		
메	메				맵	맵		
뫼	뫼				밋	밋		
뭐	뭐				뭔	뭔		

봄	ㅂ	ㅗ	ㅁ

가로획은 ㅂ의 중간으로부터 ㅗ의 중간지점으로 향하여 가볍게 만난다.

북	ㅂ	ㅜ	ㄱ

ㅂ과 ㄱ의 세로획은 ㅜ의 세로획과 일치되게 한다.

바	바				발	발			
버	버				법	법			
벼	벼				별	별			
보	보				봉	봉			
부	부				북	북			
뷰	뷰				불	불			
브	브				븐	븐			
비	비				빌	빌			
배	배				백	백			
베	베				벨	벨			
봐	봐				봤	봤			
뵈	뵈				뱝	뱝			

삽	ㅅ	ㅏ	ㅂ
	ㅂ의 왼쪽 세로획은 ㅅ의 양획이 만난점과 일치된 곳에서 시작한다.		

색	ㅅ	ㅐ	ㄱ
	ㅅ의 양획이 만난 곳에 일치되게 ㄱ의 받침을 쓰고 ㄱ과 ㅐ의 세로획을 일치시킨다.		

사	사		
서	서		
셔	셔		
소	소		
쇼	쇼		
수	수		
슈	슈		
스	스		
시	시		
새	새		
세	세		
쉬	쉬		

상	상		
성	성		
셨	셨		
송	송		
속	속		
순	순		
술	술		
승	승		
실	실		
생	생		
셋	셋		
쉰	쉰		

인	ㅇ	ㅣ	ㄴ

ㅇ의 중심과 일치되게 ㄴ의 시작이 이루어지고 ㅇ의 부분을 너무 공허하지 않게 한다.

입	ㅇ	ㅣ	ㅂ

ㅂ의 왼쪽 세로획의 오른쪽 세로획보다 짧게 하고 ㅇ의 중심과 일치되게 한다.

아	아		
야	야		
어	어		
여	여		
오	오		
요	요		
우	우		
유	유		
으	으		
이	이		
에	에		
워	워		

았	았		
않	않		
얼	얼		
였	였		
옵	옵		
옥	옥		
운	운		
웅	웅		
읍	읍		
있	있		
엘	엘		
원	원		

전	ㅈ	ㅓ	ㄴ

ㅈ의 좌하향과 우하향 획의 접한 부분과 일치되게 ㄴ의 시작이 이루어진다.

절	ㅈ	ㅓ	ㄹ

ㅓ의 세로획과 ㄹ의 세로획은 일치시키고 ㅇ는 간격이 고르게 한다.

자	자			장	장		
저	저			정	정		
져	져			졌	졌		
조	조			종	종		
죠	죠			좋	좋		
주	주			준	준		
쥬	쥬			중	중		
즈	즈			증	증		
지	지			직	직		
재	재			쟁	쟁		
제	제			젤	젤		
줘	줘			젰	젰		

출	ㅊ ㅜ ㄹ				충	ㅊ ㅜ ㅇ			

ㅊ의 중간과 일치된 곳에서 ㅜ의 세로획이 이루어지며 ㄹ의 세로획이 일치한다.

ㅊ과 받침 ㅇ의 폭이 같게 하고 ㅜ의 세로획은 가로획의 중심 오른쪽에서 시작한다.

차					착				
처					청				
쳐					쳤				
초					총				
추					충				
츄					축				
츠					층				
치					친				
채					책				
체					철				
최					칙				
취					칠				

쿨	ㅋ	ㄴ	ㄹ
ㅋ과 ㄴ와 ㄹ 사이를 고르게, ㄴ의 세로획은 가로획의 중간에서 왼쪽에 위치한다.			

콩	ㅋ	ㄴ	ㅇ
ㅋ과 ㅇ의 폭을 일치시키고 ㄴ의 가로획 중심에서 약간 왼쪽으로 세로획을 한다.			

카	카				캉	캉		
커	커				컹	컹		
켜	켜				켰	켰		
코	코				콩	콩		
쿠	쿠				쿵	쿵		
큐	큐				쿨	쿨		
크	크				큰	큰		
키	키				킹	킹		
캐	캐				캔	캔		
케	케				켁	켁		
콰	콰				쾅	쾅		
퀴	퀴				퀸	퀸		

톨	ㅌ	ㅗ	ㄹ

ㅌ의 가로획 끝과 ㄹ의 오른쪽 세로획을 일치시킨다.

통	ㅌ	ㅗ	ㅇ

ㅗ의 세로획은 ㅌ의 세로 중심에서 좌하향하고 가로획의 중심에 맺는다.

타	타			
터	터			
토	토			
툐	툐			
투	투			
튜	튜			
트	트			
티	티			
태	태			
테	테			
퇴	퇴			
튀	튀			

탑	탑			
텅	텅			
통	통			
톱	톱			
퉁	퉁			
튤	튤			
특	특			
틴	틴			
택	택			
텔	텔			
툉	툉			
튄	튄			

편	ㅍ	ㅕ	ㄴ
	표의 중심 위치에서 ㄴ 받침이 시작된다.		

평	ㅍ	ㅕ	ㅇ
	ㅕ의 가로획은 ㅍ의 가로획 사이에 두고 ㅕ의 세로 획은 ㅇ의 오른쪽과 일치시킨 다.		

파	파			
퍼	퍼			
펴	펴			
포	포			
표	표			
푸	푸			
퓨	퓨			
프	프			
피	피			
패	패			
퍼	퍼			
폐	폐			

판	판			
퍽	퍽			
평	평			
퐁	퐁			
풋	풋			
풀	풀			
품	품			
픈	픈			
필	필			
팽	팽			
퍽	퍽			
펄	펄			

협	ㅎ	ㅕ	ㅂ

받침 ㅂ은 좀 넓적하게 앉히고 ㅂ의 오른쪽 세로획은 ㅕ의 세로획과 일치한다.

형	ㅎ	ㅕ	ㅇ

ㅎ의 ㅇ과 받침 ㅇ의 크기가 고르게 하고 ㅇ를 둥글게 쓰는 연습을 한다.

하					한				
허					험				
혀					현				
호					홍				
후					훈				
휴					휼				
흐					흥				
해					행				
혜					햄				
화					환				
회					획				
희					흰				

정자체 가로 쓰기 기초

가 격	결 제	계 정	권 한	금 액
가 격	결 제	계 정	권 한	금 액
낙 찰	날 인	노 무	노 동	단 기
낙 찰	날 인	노 무	노 동	단 기
담 보	당 좌	대 출	도 매	도 산
담 보	당 좌	대 출	도 매	도 산
독 점	목 록	목 포	무 역	발 기
독 점	목 록	목 포	무 역	발 기

발	행	보	증	복	리	본	점	부	기

부	도	비	고	상	기	상	업	서	류

신	탁	신	용	원	금	원	장	월	보

이	월	자	료	청	약	판	매	회	사

가 맹 점	견 적 서	계 산 서	담 보 물
가 맹 점	견 적 서	계 산 서	담 보 물

대 리 점	면 허 증	소 매 점	수 수 료
대 리 점	면 허 증	소 매 점	수 수 료

실 적 포	영 수 증	영 업 권	위 임 장
실 적 포	영 수 증	영 업 권	위 임 장

자 본 금	차 용 증	품 의 서	필 수 품
자 본 금	차 용 증	품 의 서	필 수 품

가 감 공 제	고 객 관 리	관 련 부 서
가 감 공 제	고 객 관 리	관 련 부 서

금 전 출 납	대 포 이 사	보 호 무 역
금 전 출 납	대 포 이 사	보 호 무 역

수 요 공 급	유 통 시 장	재 고 조 사
수 요 공 급	유 통 시 장	재 고 조 사

추 가 경 정	판 매 실 적	품 질 관 리
추 가 경 정	판 매 실 적	품 질 관 리

인간에게 고난과 시련이 있는 것

은 보다 큰 일을 해낼 수 있게 하

기 위함이다. 그것이 크면 클수록

큰 인물을 예고하는 푸른 노송에

뿌려지는 천둥 번개 비바람 같은

것이라. 그것을 결코 두려워해서도

피해서도 아니된다. 당당히 맞서서

이겨내야만 한다. 뒤로 물러서는

자에게라도 섭리는 배려가 있을

자에게라도 섭리는 배려가 있을

수없고 그것은 곧 걷잡을 수없는

수없고 그것은 곧 걷잡을 수없는

시간들 속의 진행이며 누구에게나

시간들 속의 진행이며 누구에게나

주어진 과정이기 때문이다. 비록

주어진 과정이기 때문이다. 비록

시기와 완급의 차이는 있을지라도

운명에 저버린 자연 속에 무의미

한 존재일바에야 그것을 맞서 이

겨내는 것이 인간의 의지이리라.

가산	감사	견본	공고	공판	과장	관세	광고	기말	내용	누계	단위
달성	대장	대변	매출	무상	발포	방안	분기	분배	사용	상태	설정
세무	안건	위탁	이익	자재	장소	조달	차용	처리	취득	한정	현황

						회 계 관 리	총 생 산 량	월 말 보 고	실 태 조 사							부 도 수 표	당 좌 거 래	고 정 부 채	기 말 정 산

거짓은 거짓으로 되받고 성심은 성심으로

거짓은 거짓으로 되받고 성심은 성심으로

보답된다. 상대로부터 성심을 바라거든

보답된다. 상대로부터 성심을 바라거든

자신부터 성심을 포시하라. (토마스 만)

자신부터 성심을 포시하라. (토마스 만)

사랑을 반지 못하는 것은 큰 고통이다. 그

러나 누구도 사랑할 수 없는 사람은 그의

생을 지옥으로 만드는 것과 같다. (콰이크 슨)

적은 것이 풍족해 질수 있으리라. (뉴턴)

바꾸어 분발한다면 약한 것은 강해지고

분발하라. 낡은 나를 버리고 새로운 나로

젊은 날에 너무 방종하면 마음의 윤택함

을 잃는다. 그렇다고 너무 억제하면 머리

의 융통성이 없어진다. (상트뵈에브)

흘림체 자음 쓰기 기초

정자체와 같이 쓰되 ㉠부분은 →으로 진행하는 준비로 뭉실하게 함.	"ㅗㅛㅜㅠㅡ" 등이나 받침에 쓰이며 ①을 곱게 내려 끝을 삐침.						
"ㅏㅑㅓㅕㅚㅔ" 등에 쓰이며 →①② 처럼 약간 뉘운 듯, 끝은 삐침.	"ㅗㅛㅜㅠㅡ" 등이나 받침에 쓰이며 가볍게 터치해 끝을 힘을 준듯.						
"ㅏㅑㅓㅕㅐㅖㅣ" 등에 쓰이며 ① 부분은 끊지 말고 연결 ②는 위를 향해 삐침.	"ㅗㅛㅜㅠㅡ" 등에 또는 받침으로 쓰인다. 방향으로 준비단계 뭉실히 .						
ㅇ 부분을 같게 간격에 주의하며 →처럼 위로 삐침(ㅏㅑㅓㅕㅐㅖㅓ등에 쓰임)	받침에 주로 쓰이며 밑으로 좁게 끝은 뭉실하게 함.						
"ㅏㅑㅓㅕㅗㅛㅜㅠ"등에 씀. ㉠은 뭉실하게 하여 진행쪽으로.	①의 진행하여 오는 것을 이어받아 ②는 진행쪽으로 삐친다. (받침)						
"ㅏㅑㅓㅕㅗㅛㅜㅠ" 등에 쓰이며 ①은 가볍게 터취 말미에 누름 ②는 한번에 돌려 맺음.	①은 진행상 우상에서 좌하로 맺고 은 한번으로 돌림 주로 받침에 쓰인다.						
"ㅓㅕㅖ"등에 쓰이며 ①은 안으로 굽은 듯하고 ②는 끝을 뭉실히 하여 역으로 삐침.	"ㅏㅑㅒㅗㅛㅜㅠ" 등에 쓰이며 ②는 맺은 곳에서 진행방향에 따라 가볍게 삐친다.						

정자체보다 작은 듯 쓰며 "ㅑㅕㅓㅗㅛㅠㅒㅖ"등에 쓰임.	주로 받침에 쓰이며 진행상 꼬리가 연결 되듯 날엽히 쓴다.							
"ㅓㅕㅖ"등에 쓰이며 ①은 가볍게 진행 쪽으로 삐침.	중심 잡는데 주의하며 ① 부분 뭉실히 끝맺어 진행쪽으로 가볍게 삐침.							
"ㅓㅕㅖ"등에 쓰이며 진행쪽으로 길게 삐침.	위의 "ㅈ"처럼 씀. "ㅑㅕㅗㅛㅜㅠ"등에 쓴다.							
"ㅏㅑㅓㅕㅖ"등에 쓰며 ①은 "ㄱ"처럼 ②는 진행감각.	①,②는 진행방향 각에 맞게 약간 삐친 듯 씀. (받침이나 ㅗㅛㅜㅠ 등)							
ㅇ는 서로 간격이 같게 ①은 진행상 길게 삐침. "ㅑㅕ"등에 쓰인다.	"ㅗㅛㅜㅠㅡ"등이나 받침에 주로 쓰임. 끝은 뭉실하게.							
"ㅏㅓㅕㅖ"등에 쓰이며 ①은 진행상 길게 삐침.	"ㅗㅛㅜㅠㅡ"등이나 받침에 쓰이고 ①은 평행으로 맺음.							
ㅎ은 "ㅇ"을 두번으로 맺는가 하면 처럼 한번으로 맺기도 함.								

흘림체 모음 쓰기 기초

①의 각이 모나지 않게 로 적당히 긋어 삐침. 문장의 끝맺음에서는 "ㅏ"로도 쓰임.	ㅣ 이	ㅣ 이						
①은 진행감각으로 그것을 받은듯 ②를 한 흐름으로.	ㅑ 야	ㅑ 야						
ㅇ 부분의 각을 모나지 않게 씀. ①처럼 꼭지가 없음을 주의.	ㅓ 어	ㅓ 어						
①은 부분은 힘을 주고 나머지는 이어지듯 가늘게 처리한다.	ㅕ 여	ㅕ 여						
①ㅗ의 가로 획은 위 자음 중간에서 시작하여 좌하향으로 삐친다.	ㅗ 오	ㅗ 오						
①의 점선부분은 들어서 약하게 잇는다.	ㅛ 요	ㅛ 요						
①의 ㅇ 부분은 모나지 않게하여 세로획으로 잇는다.	ㄱ 으	ㄱ 으						

⑦ 부분은 뭉실하게 하거나 다음획 방향으로 약하게 삐침.	기 / 우	기 / 우						
① 부분은 모나지 않게 중심을 향해 우상으로 함.	니 / 어	니 / 어						
① 부분은 전체의 중심 선상에서 우상으로 한다.	기 / 에	기 / 에						
①,②는 우상으로 삐치듯 중심을 향한다.	ㅚ / 외	ㅚ / 외						
①의 "ㅗ" 부분은 위에서 좌하로 삐치듯 ②는 우상으로.	ㅚ / 외	ㅚ / 외						
"거"자가 되지 않게 주의한다.	거 / 워	거 / 워						
"ㅇㅇ"의 칸을 고르게 주의하며 ①은 중심을 향해 삐친 듯.	게 / 워	게 / 워						

흘림체 쓰기 연습

갑	ㄱ	ㄴ	ㅂ

ㅏ의 가로획은 세로획에서 이어져 ㅂ의 오른쪽 세로획과 강약을 주며 연결한다.

겨	ㄱ	ㅕ	ㅅ

ㅕ의 가로획은 위의 가로획 끝에서 살짝 들은 듯 이어 아래 가로획을 한다.

가	가		
갸	갸		
기	기		
겨	겨		
고	고		
구	구		
규	규		
그	그		
기	기		
괴	괴		
괴	괴		
기	기		

강	강		
갈	갈		
걱	걱		
겹	겹		
공	공		
국	국		
굴	굴		
궁	궁		
길	길		
괜	괜		
권	권		
깃	깃		

	ㄴ	ㄴ	ᄂᆯ

ㄴ을 약간 정체보다 뉘운 삐쳐 ㅏ와 연결하고 ㅏ는 가로획을 이어 쓴다.

	ㄱ	ᄼ	ᄼ

ㄴ의 끝에서는 뭉친 듯 머물렀다가 ㄱ의 세로획으로 삐친다.

나			
냐			
니			
녀			
ᄂ			
ᄂ			
ᄂ			
ᄂ			
니			
ᄂ			
ᄂ			
ᄂ			

날			
냥			
닌			
년			
ᄂ			
ᄂ			
ᄂ			
ᄂ			
닐			
낤			
넜			
뉜			

동	ㄷ	ㅗ	6	둑	ㄷ	ㅡ	ㄱ

ㄷ의 끝부분에 ㅗ의 세로획이 이어지고 그 세로획은 끊지 않고 ㅇ으로 연결한다.

ㄷ을 한획이 듯 연결해 쓰고 ㅡ 끝부분을 받침 ㄱ에 연결해 쓴다.

다	당
더	덩
뎌	덜
도	돔
득	둥
뒥	들
드	둑
디	딜
돠	됬
되	된
뒤	뒳
뒤	뒷

룜	ㄹ	ㅗ	ᄇ	룰	ㄹ	ㄲ	ㄹ
가로획 ㄹ의 끝은 ㅗ의 가로획에 연결하고 ㅗ의 가로획은 받침 ㅂ과 잇는다.				ㄲ의 가로획을 끝까지 진행시키지 않게 하고 바로 연결하여 세로획을 좌하향으로 삐친다.			

라	라			락	락		
랴	랴			량	량		
러	러			렇	렇		
려	려			렜	렜		
로	로			롬	롬		
료	료			롱	롱		
루	루			룰	룰		
류	류			룽	룽		
르	르			른	른		
리	리			림	림		
래	래			랜	랜		
뢰	뢰			뤴	뤴		

| 못 | ㅁ | ㄴ | ㅅ | 못의 오른쪽 세로획과 ㄴ의 세로획과 굽은 ㅅ의 세로획을 평행이 듯 한다. |
| 몰 | ㅁ | ㄴ | ㅆ | ㄴ에서 이어지는 ㅁ은 세로획에서 삐쳐 오른쪽 세로획으로 뉘운 3자처럼 잇는다. |

왼쪽: 마, 머, 며, 모, 묘, 목, 뭇, 미, 뫼, 뭐, 매, 메

오른쪽: 말, 멍, 면, 몽, 뭇, 뭉, 뭉, 민, 뭣, 뭔, 맬, 맴

봄	ㅂ	ㅗ	ㅁ

ㅂ의 오른쪽 세로획 가로획으로 진행시켜 원을 그리듯 ㅗ의 세로획으로 잇는다.

불	ㅂ	ㅜ	ㄹ

ㅜ의 가로획은 그 진행을 멈추고 세로획으로 이어 받침 ㄹ과 삐쳐 만나듯 한다.

바	바		
버	버		
벼	벼		
보	보		
북	북		
뵉	뵉		
브	브		
비	비		
빼	빼		
뼤	뼤		
뵈	뵈		
뵈	뵈		

발	발		
범	범		
별	별		
봉	봉		
북	북		
끌	끌		
분	분		
빌	빌		
백	백		
빌	빌		
빴	빴		
뵘	뵘		

삽	ㅅ	ㄴ	ㅂ

ㅏ의 가로획은 세로획으로부터 ㄴ자처럼 연결받고 ㅂ의 획으로 가볍게 잇는다.

색	ㅅ	ㅐ	ㄱ

ㅐ의 안쪽 세로획의 진행을 멈추어 가로획을 삐쳐 만들고 밖의 세로획과 만난다.

사	사			
러	러			
뤄	뤄			
오	오			
요	요			
우	우			
유	유			
으	으			
시	시			
새	새			
레	레			
외	외			

삭	삭			
성	성			
썼	썼			
총	총			
옥	옥			
능	능			
슐	슐			
능	능			
실	실			
생	생			
쳇	쳇			
쇳	쇳			

안	ㅇ	ㅣ	ㄴ			입	ㅇ	ㅣ	ㅂ	

ㅣ의 끝부분을 살짝 들 듯 삐쳐서 ㄴ과 잇는다.

ㅂ의 왼쪽 세로획은 ㅣ로부터 이어 받고 오른쪽 세로획은 6 자를 거꾸로 쓰듯 한다.

이					있			
야					앉			
어					얼			
여					없			
오					옹			
요					욱			
우					은			
유					웅			
으					음			
이					잎			
외					왔			
위					윗			

천	ㅈ	ㄱ	ㄴ		절	ㅈ	ㅓ	ㄹ	

ㅈ의 가로획 다음의 진행은 뉘운 W자처럼 강약을 주어 ㅓ의 세로획과 만난다.

ㅓ의 세로획은 ㅈ으로부터 이어받고 받침 ㄹ을 향해 살짝 들은 듯 연결한다.

지	지				장	장			
제	제				정	정			
쩨	쩨				젱	젱			
조	조				종	종			
죠	죠				좋	좋			
주	주				즐	즐			
쥭	쥭				증	증			
즈	즈				증	증			
지	지				직	직			
재	재				쟁	쟁			
제	제				젤	젤			
죄	죄				즉	즉			

ㅎ	ㄱ	ㄹ

ㅜ의 가로획은 진행을 멈추고 세로획으로 모나지 않게 연결하여 ㄹ로 잇는다.

ㅎ	ㄱ	6

ㅜ의 세로획은 받침 ㅇ과 잇되 ㅇ의 오른쪽과 가지런히 일치되게 한다.

치				착			
최				청			
쳐				촳			
츠				홍			
측				흥			
츅				축			
츠				흥			
치				칙			
채				책			
쳬				철			
최				친			
최				칠			

콜	ㅋ	ㅗ	ㄹ	콩	ㅋ	ㅗ	ㅇ
ㅇ의 간격을 대체적으로 고르게 하며 받침 ㄹ이 ㅗ의 진행에서 이어진다.				ㅇ는 ㅗ의 진행을 살짝 들은 듯 이어 받아 6자처럼 둥글게 내려 구성한다.			

키	키			캉	캉		
케	케			킹	킹		
켜	켜			켯	켯		
코	코			콩	콩		
쿠	쿠			쿵	쿵		
쿼	쿼			쿨	쿨		
크	크			큰	큰		
키	키			킹	킹		
캐	캐			캔	캔		
케	케			켝	켝		
쾨	쾨			쾽	쾽		
퀴	퀴			퀻	퀻		

톨	ㅌ	ㅗ	ㄹ		

ㅌ의 끝에서 머무적하듯 하다 모나지 않게 ㅗ의 가로획 중심을 향해 삐친다.

통	ㅌ	ㅗ	ㅇ		

ㅗ의 세로획과 받침 ㅇ으로 향하는 ㅗ의 가로획 꼬리 진행은 굽은 대칭인 듯 한다.

탄	탄			
탐	탐			
텅	텅			
토	토			
특	특			
특	특			
트	트			
티	티			
태	태			
테	테			
퇴	퇴			
틔	틔			

탈	탈			
탑	탑			
텅	텅			
통	통			
틍	틍			
튫	튫			
특	특			
틴	틴			
택	택			
텔	텔			
횡	횡			
튇	튇			

펴	ㅍ	ㄹ	ㄱ
ㅕ의 가로획은 위와 아래획이 서로 공을 안 듯 잇는다.			

펭	ㅍ	ㄹ	ㅎ
ㅍ의 왼쪽 세로획은 우하향으로 찍듯하고 오른쪽 세로획은 좌하향으로 삐친다.			

피			
피			
펴			
포			
표			
푹			
푹			
프			
피			
패			
피			
펴			

판			
픽			
펭			
퐁			
풋			
풀			
퓸			
픈			
필			
팽			
픽			
펠			

형	ㅎ	ㅕ	ㅂ

ㅕ의 세로획 끝은 들은 듯 받침 ㅂ의 왼쪽 세로획과 이어 독립시킨다.

형	ㅎ	ㅕ	ㅇ

ㅎ의 ㅇ과 받침 ㅇ는 우하향으로 날아내리는 공처럼 둥글게 한다.

하					한				
혀					현				
호					홍				
효					홍				
후					흔				
휴					홀				
흐					흥				
히					힘				
해					행				
혜					햄				
회					환				
회					획				

흘림체 가로 쓰기 기초

가 갑	각 씨	간 이	계 산	공 업
공 제	구 별	구 역	국 제	천 리
천 한	날 인	날 자	남 씨	대 표
대 행	도 급	독 점	문 서	문 제

늘	기	념	할	불	황	발	전	발	행

비	고	비	용	선	불	섭	외	성	립

아	래	악	회	알	림	원	석	자	산

잔	고	첨	석	현	장	현	황	환	산

계 산 서	구 매 북	당 사 지 북	동 산
계 산 서	구 매 북	당 사 지 북	동 산

북 재 로	상 품 권	신 용 장	신 청 서
북 재 로	상 품 권	신 용 장	신 청 서

원 지 재	인 수 증	정 산 표	제 삼 자
원 지 재	인 수 증	정 산 표	제 삼 자

할 인 권	현 재 고	홍 보 북	회 의 록
할 인 권	현 재 고	홍 보 북	회 의 록

감 사 위 원	건 축 현 장	공 개 입 찰
감 사 위 원	건 축 현 장	공 개 입 찰

당 좌 수 표	단 서 조 항	보 호 무 역
당 좌 수 표	단 서 조 항	보 호 무 역

서 명 날 인	실 무 담 당	약 속 어 음
서 명 날 인	실 무 담 당	약 속 어 음

월 말 정 산	재 고 조 사	현 상 유 지
월 말 정 산	재 고 조 사	현 상 유 지

청춘은 중년을 준비하는 과정이고

중년은 자신의 이름을 닦는 시기

이며 그리고 노년은 후회없는 생

을 마감하기 위하여 추억을 모아

정리하는 시기이다.

정리하는 시기이다.

열 살 때에는 과자 때문에 움직이

열 살 때에는 과자 때문에 움직이

고 스무 살 때에는 애인 때문에,

고 스무 살 때에는 애인 때문에,

서른 살 때에는 쾌락 때문에, 마흔

서른 살 때에는 쾌락 때문에, 마흔

살 때에는 야심 때문에, 쉰 살 때

에는 식욕 때문이 움직인다. 어느

때가 되어야만 인간은 여지를 중

히 여기어 축구하게 될 것인가?

결산공고	결산공고			신용판매	신용판매			재목제포	재목제포		
대차대조	대차대조			시설확장	시설확장			판촉활동	판촉활동		
등록번호	등록번호			여신관리	여신관리			특별상황	특별상황		
생산공정	생산공정			임시총회	임시총회			화재보험	화재보험		

흘림체 세로 쓰기

에모르는 자들을 경계 시키는 언어이다.

에모르는 자들을 경계 시키는 언어이다.

눈 함성이오 울안의 돼지 울음은 자기 밖

눈 함성이오 울안의 돼지 울음은 자기 밖

새벽닭 홰치는 소리는 게으른 자를 비웃

새벽닭 홰치는 소리는 게으른 자를 비웃

흰 날개를 쉬어가게 하여라. (서정윤 시에서)

가슴에 작은 보금자리를 만들어 날다 지

사랑한다는 이웃로 새의 날개를 꺽지 말고

가? 나는 어디로부터와 어디로 가는가?

무한 중 하록가 인간의 일생이 아니겠는

하록살이의 일생이 인간의 하록이듯 신의

ㄲ	ㄳ	ㄵ	ㄶ	ㄺ
ㄲ 닭	ㄳ 삯	ㄵ 엱	ㄶ 않	ㄺ 읽
ㄲ 닭	ㄳ 삯	ㄵ 엱	ㄶ 않	ㄺ 읽

ㄲ	ㄳ	ㄵ	ㄶ	ㄺ
ㄲ 닭	ㄳ 삯	ㄵ 엱	ㄶ 않	ㄺ 읽
ㄲ 닭	ㄳ 삯	ㄵ 엱	ㄶ 않	ㄺ 읽

ㄻ	ㄼ	ㄽ	ㅀ	ㅄ

ㄻ	옮	ㄼ	앏	ㄽ	솘	ㅀ	옳	ㅄ	없
ㄻ	옮	ㄼ	앏	ㄽ	솘	ㅀ	옳	ㅄ	없

ㄻ	ㄼ	ㄽ	ㅀ	ㅄ

ㄻ	옮	ㄼ	앏	ㄽ	솘	ㅀ	옳	ㅄ	없
ㄻ	옮	ㄼ	앏	ㄽ	솘	ㅀ	옳	ㅄ	없

漢 文 篇

차 례

부 록

한 자 의 짜 임

한 자 의 짜 임

◉ 한자는 삼각형, 사각형, 원형 등으로 그 모양이 이루어집니다.

삼 각 형	역삼각형	정사각형	직사각형	직사각형
△	▽	□	□	▭
上	下	問	目	四
大	市	圖	臣	回

마름모꼴	원 형	사다리꼴	역사다리꼴	두직사각형
◇	○	⬓	⬓	⬓
十	女	見	言	明
令	示	辰	百	時

한자의 기본 획

◉ 기본이 되는 점과 획을 충분히 연습한 다음 본문의 글자를 쓰십시오.

上	一								
工	二								
王	三								
少	丿								
大	丿								
女	丿								
人	乀								
寸	亅								
下	亅								
中	亅								
目	乛								
句	乛								
子	乛								

京	丶	丶							
永	丶	丶	丶						
小	八	八	八						
火	ソ	ソ	ソ						
千	ノ	ノ	ノ						
江	シ	シ							
無	灬	灬	灬						
起	走	走							
建	廴	廴							
近	辶	辶							
成	㇂	㇂							
毛	㇄	㇄							
室	宀	宀							
風	㇈								

상업한자 2자 어휘

加減 더할 가 / 덜 감 ㄱㅁ / ㅎ듯이	가감 : 더하거나 덞. 또는 그렇게 하여 알맞게 맞춤. 예 加減乘除(가감승제).	加減			
價格 값 가 / 격식 격 1@1頂 / ㄱ섯ㅁ	가격 : 상품이 지니고 있는 가치를 돈으로 나타낸 것. 값. 예 價格連動制(가격연동제)	價格			
間接 사이 간 / 접붙일 접 ㄹ며ㅁ / ㅅㅎ섯ㅡ	간접 : 바로 대하지 않고 중간에 매개를 통하여 연락하는 관계. 예 間接資本(간접자본).	間接			
個別 낱 개 / 다를 별 1가ㅁ / ㅁ개	개별 : (주로 명사 앞에 쓰이어) 낱낱이 따로 다름. 예 個別面談(개별적면담).	個別			
据置 힘써할 거 / 둘 치 ㅅㄱㅁ / ㄸㄱㅌㄴ	거치 : 공채·사채·저금·연금 따위의 상환 또는 지불을 일정 기간 하지 아니함. 예 三年据置(삼년거치).	据置			
決裁 정할 결 / 마를 재 ㅋㄱㅅ / ㅎㅊㅅㅅ	결재 : 결정할 권한이 있는 자가 부하 직원이 제출한 안건을 허가하거나 승인함. 예 決裁案件(결재안건).	決裁			
決算 정할 결 / 셈할 산 ㅋㄱㅅ / ㅆ긔ㅣ	결산 : 일정한 기간을 잘라 그동안의 수입과 지출을 모두 셈하여 맺음. 예 月末決算(월말결산).	決算			
見本 볼 견 / 근본 본 ㅁㄹ기ㄴ / ㅓㅏㄴ	견본 : 본보기가 되는 사물. 물건이나 상품 등의 샘플. 예 見本商品(견본상품).	見本			
計算 셈할 계 / 셈할 산 ㅎㅡㅣ / ㅆ까ㅌㅣㅣ	계산 : 셈하여 헤아림. 일의 득실을 따짐. 예 原價計算(원가계산).	計算			

計定	계정 : 기업의 자산·부채·자본·수익·비용의 발생을 종류별로 원장에 기록·계산하기위한 단위. 예 計定計座(계정계좌).	計定			
셈할 **계** 정할 **정**					
雇傭	고용 : 일정한 조건 아래, 품삯을 받고 남의 일을 하여 줌. 예 雇傭條件(고용조건).	雇傭			
품 살 **고** 품팔이 **용**					
雇用	고용 : 품삯을 주고 사람을 부림. 예 雇用人員(고용인원).	雇用			
품 살 **고** 쓸 **용**					
工場	공장 : 많은 노동자들이 협동 작업에 의하여 상품을 계속적으로 생산하는 곳. 예 工場施設(공장시설).	工場			
장인 **공** 마당 **장**					
工程	공정 : 작업이 되어 가는 과정. 기계 공업등에서의 가공단계의 하나하나의 과정. 예 生産工程(생산공정).	工程			
장인 **공** 법 **정**					
供託	공탁 : 법령의 규정에 따라 금전·유가증권 따위를 공탁소에 맡기어 둠. 예 供託金(공탁금).	供託			
이바지 **공** 부탁할 **탁**					
關稅	관세 : 국경을 통과하는 상품에 대하여 국가가 받는 세금. 예 關稅貿易(관세무역).	關稅			
빗장 **관** 세금 **세**					
課標	과표 : 세금을 매길 때에 그 기준이 되는 과세 대상의 가격·수량 품질따위. 예 課標作成(과표작성).	課標			
부과할 **과** 표 **표**					
交涉	교섭 : 어떤 일을 이루기 위하여 서로 의논하고 절충함. 관계를 가짐. 예 交涉團體(교섭단체).	交涉			
사귈 **교** 건널 **섭**					

交換 사귈 교　바꿀 환 亠丶人　扌﹅	교환 : 어떤 물품을 다른 사람에게 주고 그 값으로 같은 가치의 물품이나 화폐를 얻는 것. ⑩ 交換價値(교환가치).	交換			
購買 살 구　살 매 	구매 : 자료·자재·원료 등을 사들이는 일 ⑩ 資材購買(자재구매).	購買			
規格 법 규　격식 격 	규격 : 일정한 규정에 들어맞는 격식. 공업제품이나 재료의 치수·모양·질 등의 일정한 표준 ⑩ 規格製品(규격제품).	規格			
規程 법 규　법 정 	규정 : 조목별로 정하여 놓은 표준. 관청등에서 사무 집행을 위하여 정한 준칙. ⑩ 規程條項(규정조항).	規程			
金融 쇠 금　녹을 융 	금융 : 영리를 위한 화폐의 수요 공급의 관계. ⑩ 金融機關(금융기관).	金融			
企業 꾀할 기　업 업 	기업 : 영리를 목적으로 생산·판매·서비스 등의 경제활동을 하는 조직. ⑩ 中小企業(중소기업).	企業			
期限 기약할 기　한정 한 	기한 : 미리 한정하여 놓은 시기. 어느 때까지로 기약함. ⑩ 期限內決濟(기한내결제).	期限			
累計 여러 루　셈할 계 	누계 : 소계를 계속하여 덧붙여 계산함. 또는 그 합계. ⑩ 累計合算(누계합산).	累計			
擔保 멜 담　보호할 보 	담보 : 빚진 사람이 빚을 갚지 못할 경우에 대비하여 그 대신 맡기는 것. ⑩ 擔保建物(담보건물).	擔保			

當座	당좌 : 기간을 정하지 아니하고 언제든지 예금자가 발행한 수표에 의한 청구에 따라 돈을 지급하는 예금. 예 當座手票(당좌수표).	當座		
마땅 당 / 자리 좌				
代理	대리 : 대리인의 법률 행위에 대하여 본인 자신의 행위로 인정하여 법률 효과를 발생시키는일. 예 代理權(대리권).	代理		
대신 대 / 다스릴 리				
貸邊	대변 : 복식부기에서 장부의 계정계좌의 오른쪽에 있는 부분. 자산의 감소·부채·자본의 증가 등을 기입함.	貸邊		
빌릴 대 / 가 변				
貸損	대손 : 외상 매출금·대부금 등이 반제되지 아니하고 손실되는 일 예 貸損充當金(대손충당금).	貸損		
빌릴 대 / 덜 손				
臺帳	대장 : 어떤 사항을 기록하는 토대가 되는 장부. 원부. 예 土地臺帳(토지대장).	臺帳		
돈대 대 / 휘장 장				
對替	대체 : 어떤 계정의 금액을 다른 계정으로 옮기어 적는 일. 예 對替計定(대체계정).	對替		
대 할 대 / 대신할 체				
都賣	도매 : 물건을 한데 몰아서 소매에서의 이윤을 뺀 값으로 팖. 예 都賣市場(도매시장).	都賣		
도 읍 도 / 팔 매				
倒産	도산 : 재산을 모두 잃고 망함. 파산. 예 倒産企業(도산기업).	倒産		
넘어질 도 / 낳을 산				
登記	등기 : 권리·재산·신분 등의 어떤 사실이나 관계를 공식 문서에 올려 적음. 예 登記名義(등기명의).	登記		
오를 등 / 기록할 기				

登錄 오를 등 / 기록할 록	등록 : 일정한 법률 사실이나 법률 관계를 법으로 정한 공부에 기재하는 일. 예 事業登錄(사업등록).	登錄			
買入 살 매 / 들 입	매입 : 원료·자재·상품 등의 물건을 사들임. 예 原料買入(원료매입).	買入			
免許 면할 면 / 허락할 허	면허 : 국가기관에서 일정한 경력·자격·시험 등에 의하여 인정해 주거나, 기업·영업 등의 활동을 허가하는 일.	免許			
名義 이름 명 / 옳을 의	명의 : 어떤 일에 공식적으로 내세우는 개인 또는 기관의 이름. 예 名義變更(명의변경).	名義			
貿易 무역할 무 / 바꿀 역	무역 : 국제간에 상품·기술·용역 등을 교환·매매하는 경제활동. 예 貿易逆調(무역역조).	貿易			
搬入 운반할 반 / 들 입	반입 : 물건·상품·원료·자재 등을 운반하여 들여옴. 예 搬入全量(반입전량).	搬入			
返品 돌이킬 반 / 품수 품	반품 : 사들인 것을 요효기간이 지나거나 이상이 있을 시 되돌려 보내는 물품. 예 返品處理(반품처리).	返品			
發注 필 발 / 물댈 주	발주 : 물건·상품·원료·자재 등을 주문함. 예 資材發注(자재발주).	發注			
發行 필 발 / 다닐 행	발행 : 화폐·증권·입장권·증명서·수표·어음 등을 만들어 효력을 발생시킴. 예 發行證券(발행증권).	發行			

背書	배서 : 어음이나 수표, 또는 그 밖의 지시 증권의 뒷면에 아무에게 양도 또는 입질한다는 뜻을 글로 적는 일.	背書			
등 **배** 글 **서**					
配當	배당 : 주식회사가 이익금을 주식량의 비율로 할당하여 주주에게 나누어 줌. 例 株式配當(주식배당).	配當			
짝 **배** 마땅 **당**					
方法	방법 : 목적을 이루기 위하여 취하는 방식이나 수단. 例 方法摸索(방법모색).	方法			
모 **방** 법 **법**					
保管	보관 : 맡긴 물건을 잘 간직하여 관리함. 例 保管物品(보관물품).	保管			
보호할 **보** 대롱 **관**					
補完	보완 : 부족한 것을 보충하여 완전하게 함. 例 施設補完(시설보완).	補完			
기울 **보** 전할 **완**					
保證	보증 : 채무자가 채무를 이행하지 아니할 경우 채무자를 대신하여 채무이행을 부담하는 일. 例 連帶保證(연대보증).	保證			
보호할 **보** 증거 **증**					
本店	본점 : 영업의 본거지가 되는 점포. 例 銀行本店(은행본점).	本店			
근본 **본** 가게 **점**					
不渡	부도 : 수표·어음 등을 가진 사람이 기한이 되어도 지급인으로부터 그 수표나 어음의 결제를 받지 못한 경우.	不渡			
아니 **부** 건널 **도**					
負債	부채 : 개인이나 단체가 타인이나 다른 단체에게 진 빚. 例 負債計定(부채계정).	負債			
질 **부** 빚 **채**					

部署 나눌 부 쓸 서	부서 : 근무상 구분되는 사무의 부분. 例 部署編制(부서편제).	部署			
分介 나눌 분 낄 개	분개 : 부기에서 거래 내용을 차변과 대변으로 나누어 기입함. 例 分介帳(분개장).	分介			
分期 나눌 분 기약할 기	분기 : 1년을 구분한 3개월씩의 4단계의 기간. 例 三四分期(삼사분기).	分期			
分讓 나눌 분 사양할 양	분양 : 주택이나 건물 등을 양도하여 남에게 갈라서 넘겨 줌. 例 商街分讓(상가분양).	分讓			
備考 갖출 비 생각 고	비고 : 문서 따위에서 그 내용에 참고가 될 만한 사항을 보충하여 기입하는 일. 例 備考事項(비고사항).	備考			
比率 견줄 비 비율 률	비율 : 어떤 수나 양의 다른 수나 양에 대한 비. 例 上昇比率(상승비율).	比率			
事業 일 사 업 업	사업 : 일정한 목적과 계획을 가지고 경영되는 지속적인 경제 활동. 例 事業計劃(사업계획).	事業			
社債 모일 사 빚 채	사채 : 주식회사가 사업에 필요한 자금을 조달하기 위하여 모집하는 채무. 例 社債發行(사채발행).	社債			
削除 깎을 삭 덜 제	삭제 : 깎아 없앰. 지워버림. 명부·명단·목록 등에서 제외시킴. 例 條項削除(조항삭제).	削除			

한자	뜻풀이	쓰기			
産業 낳을 산 / 업 업 흐ㄱ셔ㄴ / 쓰ㅌㅣㅅ	산업 : 자연물에 인공을 가하여 필요한 재료나 상품등을 생산하는 경제적인 행위. 例 産業災害(산업재해).	産業			
商業 장사 상 / 업 업 흐ㄱ긊 / 쓰ㅌㅣㅅ	상업 : 상품을 사고 팖으로써 생산자와 소비자 사이에 재화전환으로 이익을 얻는 일. 例 商業簿記(상업부기).	商業			
上場 위 상 / 마당 장 ㅣㅡ / ㄱㅣㄹㅁㅎ까	상장 : 주식이나 어떤 물건을 매매 대상으로 하기 위하여 거래소에 등록하는 일. 例 上場企業(상장기업).	上場			
償還 갚을 상 / 돌아올 환 償ㄱㅌㅅ / 끄퇴く亥	상환 : 상품·원료 등의 구입하는데 있어 외상이나 부채 등을 갚음. 例 負債償還(부채상환).	償還			
庶務 여러 서 / 힘쓸 무 ㅡㄱㅣㅗ점 / ㅋ기ㄨㄱ	서무 : 특별한 명목이 없는 여러가지 일반적인 사무. 또는 그 일을 맡은 사람. 例 庶務室(서무실).	庶務			
先金 먼저 선 / 쇠 금 기ㄴ几 / ㅅㅋㄹㄴ	선금 : 물건의 값이나 품삯 같은 것의 지불기한이 되기 전에 그 일부를 먼저 치르는 돈. 例 支拂先金(지불선금).	先金			
宣傳 베풀 선 / 전할 전 ㅎㅁㅡ / 個�ㅅ시、	선전 : 주의·주장·상품 등문 존재·효능 등을 여러 사람에게 공감을 얻기 위해 널리 알리는 일. 例 宣傳效果(선전효과).	宣傳			
設備 베풀 설 / 갖출 비 흐ㄹ묹 / 備기ㅉㅣ	설비 : 건축물 따위에 필요한 시설을 갖춤. 또는 그 시설. 例 加工設備(가공설비).	設備			
成果 이룰 성 / 과실 과 ㄱㅅㅅ八 / ㅁㅌㅣㅅ	성과 : 일이 이루어진 결과. 例 營業成果(영업성과).	成果			

한자	뜻풀이			
涉外 건널 **섭** 밖 **외** 涉ノ 夕卜	섭외 : 외부와 연락 또는 교섭하는 일. 어떤 법률 사항이 내외국에 관계. 연락되는 일. 例 涉外活動(섭외활동).	涉外		
稅金 세금 **세** 쇠 **금** 禾兌儿 人仝	세금 : 조세로 국가기관에 정기적으로 바치는 돈. 例 稅金納付(세금납부).	稅金		
歲入 해 **세** 들 **입** 步戌小 八	세입 : 국가나 지방 자치 단체의 한 회계 연도 동안의 총수입. 例 歲入減少(세입감소).	歲入		
所得 바 **소** 얻을 **득** 戶斤 彳得寸	소득 : 일정 기간 동안의 근로·사업, 또는 자산의 운영 등에서 얻는 수입. 例 所得控除(소득공제).	所得		
損失 덜 **손** 잃을 **실** 扌員 失人	손실 : 덜리어 잃거나 손해를 봄. 또는 그 손해. 例 損失金額(손실금액).	損失		
損益 덜 **손** 더할 **익** 扌員 益皿	손익 : 경영의 결과로 생긴 자본 총액의 감소와 증가. 例 損益計算(손익계산).	損益		
手當 손 **수** 마땅 **당** 三丁 尙当	수당 : 정하여진 급료 이외로 정기, 또는 수시로 지급되는 보수. 例 特勤手當(특근수당)	手當		
收入 거둘 **수** 들 **입** 니收又 八	수입 : 개인·국가·단체 등이 합법적으로 벌어들이는 금액. 例 經常收入(경상수입).	收入		
手票 손 **수** 표 **표** 三丁 覀示	수표 : 은행에 당좌예금을 가진 사람이 그 은행을 지급인으로 하여 소지인에게 지급할 것을 위탁하는 유가증권.	手票		

施設	시설 : 설비·장치 등을 차려 놓은 것. 예 施設 完備(시설완비).	施設			
베풀 **시** / 베풀 **설**					
市場	시장 : 시간·장소에 관계없이 상품의 유통이 이루어지는 전체적인 영역을 이르는 말. 예 證券市場(증권시장).	市場			
저자 **시** / 마당 **장**					
申告	신고 : 해당 기관에 일정한 사실을 알리는 일. 예 申告期間(신고기간).	申告			
납 **신** / 알릴 **고**					
信用	신용 : 재화나 화폐의 급부와 반대 급부 사이에 시간적인 차이가 있는 교환. 예 信用去來 (신용거래).	信用			
믿을 **신** / 쓸 **용**					
伸張	신장 : 세력·권리·점유율·종류 등을 늘이고 넓게 폄. 예 伸張開業(신장개업).	伸張			
펼 **신** / 베풀 **장**					
信託	신탁 : 일정한 목적에 따라 재산의 권리와 처분을 남에게 맡기는 것. 예 信託銀行(신탁은행).	信託			
믿을 **신** / 부탁할 **탁**					
案件	안건 : 토의하거나 조사하여야 할 문제나 사실. 예 案件提出(안건제출).	案件			
책상 **안** / 사건 **건**					
押留	압류 : 국가 권력으로 특정한 물건 또는 권리에 대하여 개인의 처분을 금하는 행위. 예 財産押留(재산압류).	押留			
압수할 **압** / 머무를 **류**					
約定	약정 : 당사자간의 계약에 있어 조항을 약속하여 정함. 예 約定條項(약정조항).	約定			
맺을 **약** / 정할 **정**					

讓渡	양도 : 권리·재산·법률상의 지위 등을 남에게 넘겨 줌. 例 讓渡所得(양도소득).	讓渡			
사양할 **양** / 건널 **도**					
讓受	양수 : 타인의 권리·재산·법률상의 지위 등을 넘겨 받는 일. 例 物權讓受(물권양수).	讓受			
사양할 **양** / 받을 **수**					
業務	업무 : 직업으로 하는 일. 맡아서 하는 일. 例 業務上過失(업무상 과실).	業務			
업 **업** / 힘쓸 **무**					
興信	여신 : 금융기관에서 고객을 신용하는 일. 곧, 고객에게 대부하는 일. 例 興信業務(여신업무).	興信			
더불어 **여** / 믿을 **신**					
營業	영업 : 영리를 목적으로 사업을 경영함. 또는, 그러한 행위. 例 營業鑑札(영업감찰).	營業			
경영할 **영** / 업 **업**					
預金	예금 : 금전을 금융기관에 맡김. 또는, 그 금전. 例 預金通帳(예금통장).	預金			
미리 **예** / 쇠 **금**					
豫算	예산 : 국가 또는 단체의 한 회계년도에 있어서의 세입과 세출의 계획. 例 豫算編成(예산편성).	豫算			
미리 **예** / 셈할 **산**					
用役	용역 : 생산과 소비에 필요한 노무를 제공하는 일. 例 用役會社(용역회사).	用役			
쓸 **용** / 부릴 **역**					
運營	운영 : 조직이나 기구 따위를 운용하여 경영함. 例 代理店運營(대리점운영).	運營			
운전할 **운** / 경영할 **영**					

한자	뜻·풀이	쓰기			
原價 근원 **원** / 값 **가** 厂刀弓八 / 仙仞乕、	원가 : 상품을 만들거나 사들인 값 외 그에 따른 모든 비용만을 포함한 값. 예 原價計算(원가계산).	原價			
元金 으뜸 **원** / 쇠 **금** 二儿 / 人屲	원금 : 부채·빌린 돈의 이자를 제외한 원래의 액수. 예 元金償還(원금상환).	元金			
原簿 근원 **원** / 장부 **부** 厂刀弓八 / 策氵心	원부 : 고치어 만들거나 베끼기 전의 본디의 장부. 예 原簿對照(원부대조).	原簿			
元帳 으뜸 **원** / 휘장 **장** 二儿 / 门匕乆	원장 : 거래 전부를 기록하여 계정 전부를 포함한 주요 장부. 예 去來元帳(거래원장).	元帳			
月賦 달 **월** / 구실 **부** 冂二 / 肞士武	월부 : 물건·상품 등의 값을 매달 일정하게 나누어 지불하는 일. 예 月賦購入(월부구입).	月賦			
委任 맡길 **위** / 맡길 **임** 千人夕一 / イ仁乚	위임 : 당사자의 한쪽이 상대방에게 운영·법률행위 등의 처리를 맡기는 것. 예委任狀(위임장).	委任			
流通 흐를 **류** / 통할 **통** 沶儿 / 甬辶、	유통 생산된 상품이 소비자에게 도달하기까지 여러 단계에서 교환·분배되는 활동. 예 流通價格(유통가격).	流通			
有效 있을 **유** / 본받을 **효** ノ刀二 / 文攵	유효 : 당사자나 생산자가 의도한 법률·상품 등의 효과가 있음. 예 有效期間(유효기간).	有效			
理事 다스릴 **리** / 일 **사** 王田二 / 三彐亅	이사 : 법인의 담당 사무를 집행하는 직위, 또는, 그 직위에 있는 사람. 예 代表理事(대표이사).	理事			

移延	이연 : 시일을 차례로 미루어 나감. 예 移延計定(이연계정).	移延			
옮길 이 끌 연					
移越	이월 : 부기에서 계산의 결과를 다음 페이지로 넘기는 일. 예 移越金額(이월금액).	移越			
옮길 이 넘을 월					
利潤	이윤 : 기업의 총수익에서 모든 비용을 공제한 나머지의 소득액. 예 利潤分配(이윤분배).	利潤			
이로울 리 윤택할 윤					
利益	이익 : 일정기간의 총수입에서 당해 기간의 비용을 공제한 차액. 예 利益配當(이익배당).	利益			
이로울 리 더할 익					
利子	이자 : 채무자가 화폐이용의 대상으로서 채권자에게 지급하는 금전. 예 當月利子(당월이자).	利子			
이로울 리 아들 자					
認可	인가 : 제삼자의 법률행위를 보충하여 그 법률상 효력을 완성시켜주는 행정상의 행위. 예 設立認可(설립인가).	認可			
인정할 인 옳을 가					
引受	인수 : 물건이나 권리를 넘겨 받음. 예 引繼引受(인계인수).	引受			
끌 인 받을 수					
臨時	임시 : 원래 정하여져 있는 것이 아니고 필요에 따라 그때 그때 정한 것. 예 臨時雇傭(임시고용).	臨時			
임할 림 때 시					
入札	입찰 : 상품의 매매나 공사의 도급계약에 있어 다수 희망자들 중 하나를 결정하는 것. 예 入札公告(입찰공고).	入札			
들 입 편지 찰					

資金	자금 : 사업에 필요한 돈. 특정 목적에 쓰이는 돈. ㉠ 資金調達 (자금조달).	資金	.		—
재물 **자**　쇠 **금**					
次17毛、 人キレ					
資料	자료 : 어떤 일에 다각도로 분석·입안할 수 있는 참고가 될만한 모든 재료. ㉠ 統計資料 (통계자료).	資料			
재물 **자**　헤아릴 **료**					
次17毛、 尖八川					
資源	자원 : 인간생활 및 경제 생산에 이용되는 물적자료·노동력·기술 등의 총칭. ㉠ 人的資源(인적자원).	資源			
재물 **자**　근원 **원**					
次17毛、 氵良八					
資材	자재 : 무엇을 만들거나 가공하는 데에 쓰이는 근본이 되는 재료. ㉠ 資材管理(자재관리).	資材			
재물 **자**　재목 **재**					
次17毛、 オ八才ノ					
作成	작성 : 서류·원고·계획 등을 기록하는 것. ㉠ 報告書作成(보고서작성).	作成			
지을 **작**　이룰 **성**					
作二 厉\八					
作業	작업 : 일정한 목적과 계획 아래 일을 하는 것. ㉠ 作業日誌(작업일지).	作業			
지을 **작**　업 **업**					
作二 業\八					
殘高	잔고 : 나머지 액수. 잔금. 잔액. ㉠ 帳簿殘高(장부잔고).	殘高			
남을 **잔**　높을 **고**					
歹戈戈 高门口					
殘額	잔액 : 나머지 액수. 잔금. 잔고. ㉠ 未收殘額(미수잔액).	殘額			
남을 **잔**　이마 **액**					
歹戈戈 客口頁					
長期	장기 : 오랜 기간. 정한 시기나 기한이 긴 기간. ㉠ 長期去來(장기거래).	長期			
때 **기**　길 **장**					
作一衣 甘長月					

帳簿	장부 : 돈이나 물건의 출납·수지·계산 등을 기록하는 책. 예 帳簿整理(장부정리).	帳簿			
휘장 **장** / 장부 **부**					
場所	장소 : 일이나 행사 등이 벌어지는 곳이나 자리. 예 時日場所(시일장소).	場所			
마당 **장** / 바 **소**					
財團	재단 : 일정한 목적을 위하여 결합된 재산의 집단. 예 獎學財團(장학재단).	財團			
재물 **재** / 둥글 **단**					
財務	재무 : 경제에 관한 모든 사무 예 財務行政(재무행정).	財務			
재물 **재** / 힘쓸 **무**					
財源	재원 : 자금이 나올 원천. 재화나 재정의 원천. 예 財源確保(재원확보).	財源			
재물 **재** / 근원 **원**					
抵當	저당 : 부동산이나 동산을 채무의 담보로 잡힘. 예 抵當權設定(저당권설정).	抵當			
막을 **저** / 마땅 **당**					
貯金	저금 : 돈을 절약하여 모아 둠. 은행에 예금하여 둔 돈. 예 貯金通帳(저금통장).	貯金			
쌓을 **저** / 쇠 **금**					
切上	절상 : 통화의 대외가치를 높임. 예 平價切上(평가절상).	切上			
끊을 **절** / 위 **상**					
轉記	전기 : 어떤 장부에서 다른 장부에 기재사항을 옮기어 기록함. 또는 그 기록. 예 帳簿轉記(장부전기).	轉記			
구를 **전** / 기록할 **기**					

專務	전무 : 전문적으로 맡아보는 사무. 전무이사의 준말. 예 專務理事(전무이사).	專務			
오로지 전 / 힘쓸 무					
傳貰	전세 : 소유자에게 일정한 금액을 맡기고 정한 기간까지 그 부동산 등을 사용하는 것. 예 建物傳貰(건물전세).	傳貰			
전할 전 / 세낼 세					
傳票	전표 : 은행·회사·상점 등에서 금전의 출납이나 거래 내용 따위를 적은 쪽지. 예 入金傳票(입금전표).	傳票			
전할 전 / 표 표					
銓衡	전형 : 인물의 됨됨이나 재능 따위를 가리어 뽑음. 예 書類銓衡(서류전형).	銓衡			
전형할 전 / 저울 형					
占有	점유 : 건물·사물 등을 자기의 지배하에 둠. 예 占有率(점유율).	占有			
차지할 점 / 있을 유					
店鋪	점포 : 어떤 상품이나 물건 등을 진열하여 놓고 소비자에 판매할 수 있게한 가게. 예 店鋪開業(점포개업).	店鋪			
가게 점 / 펼 포					
接受	접수 : 어떤 신청 또는 신고를 구두로나 문서로 받음. 예 接受證(접수증).	接受			
접붙일 접 / 받을 수					
定款	정관 : 법인의 목적·조직·업무 집행 등에 관한 근본 규칙. 예 契約定款(계약정관).	定款			
정할 정 / 정성 관					
定期	정기 : 일정하게 정하여진 시기나 기한. 예 定期總會(정기총회).	定期			
정할 정 / 기약할 기					

諸般		제반 : 어떤 분야의 모든 것. 여러가지. 예 諸般問題(제반문제).	諸般			
모두 제	일반 반					
製造		제조 : 공장 등에서 큰 규모로 물건을 만듦. 예 船舶製造(선박제조).	製造			
지을 제	지을 조					
制限		제한 : 일정한 한도를 정하거나 그것을 넘지 못하게 막음. 또는 그 한도. 예 輸入制限(수입제한).	制限			
억제할 제	한정할 한					
製品		제품 : 물품·상품 등을 원료·자재 따위를 써서 만들어 낸 완성품. 예 製品生産(제품생산).	製品			
지을 제	품수 품					
調達		조달 : 자금·물자 등을 대어 줌. 예 資金調達(자금조달).	調達			
고를 조	통달할 달					
調査		조사 : 사물의 내용 등을 명확히 알기 위하여 자세히 살펴봄. 예 品質調査(품질조사).	調査			
고를 조	사실할 사					
租稅		조세 : 국가나 지방 공공단체가 필요한 경비를 위하여 국민으로부터 거두어 들이는 수입. 예 租稅法(조세법).	租稅			
구실 조	세금 세					
組織		조직 : 개개의 요소가 결합하여 일체적인 것을 이루고 있음. 또는, 그 집단. 예 組織團體(조직단체).	組織			
짤 조	짤 직					
綜合		종합 : 낱낱의 것들이 한데 모아 하나로 뭉침. 예 綜合商街(종합상가).	綜合			
모을 종	합할 합					

座標	좌표 : 공간에 있어서 점의 위치를 나타내는 일련의 수치 자리표. ㉠ 販賣座標(판매좌표).	座標			
자리 **좌** / 표 **표**					
注文	주문 : 어떤 상품의 생산·유통 과정에 있어 수요자가 공급자에게 신청하는 일. ㉠ 注文生産(주문생산).	注文			
물 댈 **주** / 글월 **문**					
株式	주식 : 주식회사의 자본을 이루는 단위. ㉠ 株式市場(주식시장).	株式			
그루 **주** / 법식 **식**					
重役	중역 : 회사의 중임을 맡은 임원에 대한 총칭. ㉠ 重役會議(중역회의).	重役			
무거울 **중** / 부릴 **역**					
證券	증권 : 재산상의 권리·의무에 관한 사항을 기재한 물건. ㉠ 證券投資(증권투자).	證券			
증거 **증** / 문서 **권**					
贈與	증여 : 재산을 무상으로 타인에게 양도하여 주는 행위. ㉠ 贈與稅(증여세).	贈與			
줄 **증** / 더불어 **여**					
增設	증설 : 더 차리거나 시설을 확장함. ㉠ 賣場增設(매장증설).	增設			
더할 **증** / 베풀 **설**					
持分	지분 : 비용·주식 등 재산이나 권리에 관하여 자신이 소유, 또는 행사하는 비율. ㉠ 持分權(지분권).	持分			
가질 **지** / 나눌 **분**					
支拂	지불 : 돈을 치름. 채무의 변제 등으로 금전·어음 등을 급부함. ㉠ 支拂期限(지불기한).	支拂			
지탱할 **지** / 떨칠 **불**					

支店	지점 : 본점의 지휘·명령을 받으면서도 일정한 지역에서 부분적으로 독립된 기능을 가진 영업소.	支店			
지탱할 **지** / 가게 **점**					
直販	직판 : 유통 기구를 거치지 아니하고 생산자가 소비자에게 직접 판매함.	直販			
곧을 **직** / 팔 **판**					
集計	집계 : 이미 된 여러 계산들을 한데 모아서 계산함. 또는 그 계산. 예 月末集計(월말집계).	集計			
모을 **집** / 셈할 **계**					
徵收	징수 : 세금·돈·곡식·물품 등을 거둠. 예 稅金徵收(세금징수).	徵收			
부를 **징** / 거둘 **수**					
借款	차관 : 한 나라의 정부·기업·은행이 외국 정부·기관으로부터 자금을 빌려오는 일. 예 民間借款(민간차관).	借款			
빌릴 **차** / 정성 **관**					
借邊	차변 : 복식 부기에서 계정구좌의 왼쪽. 자산의 증가, 부채·자본 감소·손실 등을 기입함.	借邊			
빌릴 **차** / 가 **변**					
創立	창립 : 회사·학교·기타 단체 등을 처음으로 설립함. 예 會社創立(회사창립).	創立			
비롯할 **창** / 설 **립**					
採用	채용 : 사람을 뽑아서 씀. 의견·방법 등을 채택하여 씀. 예 新規採用(신규채용).	採用			
캘 **채** / 쓸 **용**					
債權	채권 : 채권자가 채무자에 대하여 급부를 청구할 수 있는 권리. 예 債權擔保(채권담보).	債權			
빚 **채** / 권세 **권**					

債務 빛 **채** 힘쓸 **무**	채무 : 채무자가 채권자에게 어떤 급부를 하여야 할 의무. 例 債務名義(채무명의).	債務			
請求 청할 **청** 구할 **구**	청구 : 외상·부채·대금 등을 달라고 요구함. 例 貸金請求(대금청구).	請求			
滯納 막힐 **체** 드릴 **납**	체납 : 기한까지 내지 못하고 밀림. 납세를 지체함. 例 稅金滯納(세금체납).	滯納			
草案 풀 **초** 책상 **안**	초안 : 서류 등을 기초로 초잡은 안. 例 草案作成(초안작성).	草案			
總計 거느릴 **총** 셈할 **계**	총계 : 전체를 통틀어서 한데 묶어 계산함. 例 收入總計(수입총계).	總計			
催告 재촉할 **최** 알릴 **고**	최고 : 상대방에게 일정한 행위를 하도록 독촉하는 통지를 내는 일. 例 催告狀(최고장).	催告			
推尋 미를 **추** 찾을 **심**	추심 : 은행이 수표나 어음을 소지한 사람의 의뢰를 받아 지불인에게 돈을 지불하게 하는 일.	推尋			
追認 따를 **추** 일정할 **인**	추인 : 과거로까지 소급하여 사실 등을 인정함. 例 內容追認(내용추인).	追認			
出納 날 **출** 드릴 **납**	출납 : 돈이나 물품 등을 내어 주거나 받아들임. 例 金錢出納(금전출납).	出納			

出荷	출하 : 물품 등을 내어 보냄. 상품을 시장으로 내어 보냄. ⓔ 出荷上品(출하상품).	出荷			
날 **출** 짐 **하**					
充當	충당 : 부족하거나 모자란 것 등을 보충하여 메움. ⓔ 資金充當(자금충당).	充當			
가득할 **충** 마땅 **당**					
取扱	취급 : 사물·사무 등을 처리하거나 다룸. ⓔ 取扱事務(취급사무).	取扱			
취할 **취** 미칠 **급**					
統制	통제 : 일정한 방침에 따라 제한하거나 제약함. ⓔ 統制區域(통제구역).	統制			
거느릴 **통** 억제할 **제**					
通貨	통화 : 한 나라 안에서 일반에 유통되고 있는 화폐. ⓔ 通貨管理(통화관리).	通貨			
통할 **통** 재화 **화**					
投資	투자 : 이익을 얻을 목적으로 자본이나 자금을 댐. 출자. ⓔ 投資金融(투자금융).	投資			
던질 **투** 재물 **자**					
販路	판로 : 상품·자재 등이 팔리는 방면이나 길. ⓔ 販路開拓(판로개척).	販路			
팔 **판** 길 **로**					
平均	평균 : 많고 적음이 없이 균일함. 가지런하고 고른 양이나 질. ⓔ 平均數值(평균수치).	平均			
평평할 **평** 고를 **균**					
閉業	폐업 : 문을 닫고 영업을 쉼. 회사의 경영이 중단되고 문을 닫음. ⓔ 閉業申告(폐업신고).	閉業			
닫을 **폐** 업 **업**					

畢納	필납 : 납세나 납품 따위를 앞서 끝냄. 例 稅金畢納(세금필납).	畢納		
마칠 **필** 드릴 **납**				
下落	하락 : 물건이나 상품 등의 값·등급·질 따위가 떨어짐. 例 價格下落(가격하락).	下落		
아래 **하** 떨어질 **락**				
下請	하청 : 어떤 일을 맡아 일의 전부나 일부를 다시 딴 사람이 청부 맡는 일. 例 下請業者(하청업자).	下請		
아래 **하** 청할 **청**				
限定	한정 : 제한하여 정함. 개념이나 수치 등을 명확히 하기 위하여 한계를 정함. 例 限定販賣(한정판매).	限定		
한정 **한** 정할 **정**				
割賦	할부 : 나누어 몫을 지음. 지급총액을 여러 번으로 나누어 지급함. 例 割賦金額(할부금액).	割賦		
나눌 **할** 구실 **부**				
解約	해약 : 어떤 계약에 관계나 책임을 소멸시키고 그 전의 상태로 되돌림. 例 解約事由(해약사유).	解約		
풀 **해** 맺을 **약**				
向上	향상 : 기능·지위·수준·품질 등이 개선되거나 높아짐. 例 品質向上(품질향상).	向上		
향할 **향** 위 **상**				
許可	허가 : 금지·제한되어 있는 어떠한 행위를 할 수 있도록 허락함. 例 營業許可(영업허가).	許可		
허락할 **허** 옳을 **가**				
現場	현장 : 어떤 일이 실재로 진행되고 있거나 발생한 곳. 例 作業現場(작업현장).	現場		
나타날 **현** 마당 **장**				

協定	협정 : 국가·단체·개인 등의 당사자간 어떤 일을 협의하여 결정함. ⑨ 協定條項(협정조항).	協定			
화할 **협** / 정할 **정**					
好況	호황 : 경기가 좋음. 호경기. ⑨ 景氣好況(경기호황).	好況			
좋을 **호** / 하물며 **황**					
弘報	홍보 : 널리 알림. 상품소개 등을 널리 알리어 판매효과를 노리는 행위. ⑨ 弘報資料(홍보자료).	弘報			
넓을 **홍** / 갚을 **보**					
貨幣	화폐 : 상품교환을 매개하며 지급수단으로서 사용되는 돈. ⑨ 貨幣經濟(화폐경제).	貨幣			
재화 **화** / 폐백 **폐**					
擴張	확장 : 공장·장소·시설 등을 늘이어 넓힘. ⑨ 店鋪擴張(점포확장).	擴張			
늘릴 **확** / 베풀 **장**					
換算	환산 : 어떤 단위로 표시된 수를 다른 단위로 고침. 또는 그 계산. ⑨ 換算表(환산표).	換算			
바꿀 **환** / 셈할 **산**					
會計	회계 : 재산·수입·지출의 관리와 운용에 관한 계산 제도. ⑨ 會計監査(회계감사).	會計			
모을 **회** / 셈할 **계**					
效力	효력 : 보람. 법률·규칙 따위의 작용. ⑨ 效力停止(효력정지).	效力			
본받을 **효** / 힘 **력**					
黑字	흑자 : 세입·수입이 세출·지출보다 많아 잉여·이익이 생기는 일. ⑨ 黑字財政(흑자재정).	黑字			
검을 **흑** / 글자 **자**					

去來處	去來處		
갈 거 / 올 래 / 곳 처			
見積書	見積書		
볼 견 / 쌓을 적 / 글 서			
根抵當	根抵當		
뿌리 근 / 막을 저 / 마땅 당			
明細書	明細書		
밝을 명 / 가늘 세 / 글 서			
報告書	報告書		
갚을 보 / 알릴 고 / 글 서			
受領證	受領證		
받을 수 / 거느릴 령 / 증거 증			
連絡網	連絡網		
연할 연 / 이을 락 / 그물 망			
領收證	領收證		
거느릴 령 / 거둘 수 / 증거 증			
原資材	原資材		
근원 원 / 재물 자 / 재목 재			

再分配	再分配		
두 재 / 나눌 분 / 짝 배			

低金利	低金利		
낮을 저 / 쇠 금 / 이로울 리			

占有率	占有率		
차지할 점 / 있을 유 / 비율 률			

接待費	接待費		
접붙일 접 / 기다릴 대 / 허비할 비			

請求書	請求書		
청할 청 / 구할 구 / 글 서			

出張所	出張所		
날 출 / 베풀 장 / 바 소			

統計表	統計表		
거느릴 통 / 셈할 계 / 거죽 표			

割引券	割引券		
나눌 할 / 끌 인 / 문서 권			

合格品	合格品		
합할 합 / 격식 격 / 품수 품			

加工生産	加工生産	
더할 **가** / 장인 **공** / 날 **생** / 낳을 **산**		

禁治産者	禁治産者	
금할 **금** / 다스릴 **치** / 낳을 **산** / 놈 **자**		

金融興信	金融興信	
쇠 **금** / 녹일 **융** / 더불어 **여** / 믿을 **신**		

經常損益	經常損益	
경서 **경** / 떳떳할 **상** / 덜 **손** / 더할 **익**		

開發借款	開發借款	
열 **개** / 필 **발** / 빌릴 **차** / 정성 **관**		

貸借對照	貸借對照	
빌릴 **대** / 빌릴 **차** / 대할 **대** / 비출 **조**		

短期債券	短期債券	
짧을 **단** / 기약할 **기** / 빚 **채** / 문서 **권**		

福利增進	福利增進	
복 **복** / 이로울 **리** / 더할 **증** / 나아갈 **진**		

不渡手票	不渡手票	
아니 **부** / 건널 **도** / 손 **수** / 표 **표**		

附加價値	附加價値	
붙을 **부** / 더할 **가** / 값 **가** / 값 **치**		
船貨證券	船貨證券	
배 **선** / 재화 **화** / 증거 **증** / 문서 **권**		
輸出商品	輸出商品	
실어낼 **수** / 날 **출** / 장사 **상** / 품수 **품**		
常任監査	常任監査	
떳떳할 **상** / 맡길 **임** / 볼 **감** / 사실할 **사**		
隨意契約	隨意契約	
따를 **수** / 뜻 **의** / 맺을 **계** / 맺을 **약**		
源泉徵收	源泉徵收	
근원 **원** / 샘 **천** / 거둘 **징** / 거둘 **수**		
認定課稅	認定課稅	
인정할 **인** / 정할 **정** / 부과할 **과** / 세금 **세**		
月末精算	月末精算	
달 **월** / 끝 **말** / 정할 **정** / 셈할 산		
連帶保證	連帶保證	
연할 **연** / 띠 **대** / 보호할 **보** / 증거 **증**		

銀行貸付	銀行貸付	
은 **은** 다닐 **행** 빌릴 **대** 줄 **부**		

在庫調査	在庫調査	
있을 **재** 곳집 **고** 고를 **조** 사실할 **사**		

財務諸表	財務諸表	
재물 **재** 힘쓸 **무** 모두 **제** 거죽 **표**		

定期總會	定期總會	
정할 **정** 기약할 **기** 거느릴 **총** 모을 **회**		

株式會社	株式會社	
그루 **주** 법식 **식** 모을 **회** 모일 **사**		

支給傳票	支給傳票	
지탱할 **지** 줄 **급** 전할 **전** 표 **표**		

職業意識	職業意識	
직분 **직** 업 **업** 뜻 **의** 알 **식**		

最低賃金	最低賃金	
가장 **최** 밑 **저** 품팔이 **임** 쇠 **금**		

出庫現況	出庫現況	
날 **출** 곳집 **고** 나타날 **현** 하물며 **황**		

退職年金	退職年金	
물러날 **퇴** / 직분 **직** / 해 **년** / 쇠 **금**		
特殊法人	特殊法人	
특별할 **특** / 다를 **수** / 법 **법** / 사람 **인**		
滯納處分	滯納處分	
막힐 **체** / 드릴 **납** / 곳 **처** / 나눌 **분**		
販賣促進	販賣促進	
팔 **판** / 팔 **매** / 재촉할 **촉** / 나아갈 **진**		
平價切下	平價切下	
평평할 **평** / 값 **가** / 끊을 **절** / 아래 **하**		
標準規格	標準規格	
표 **표** / 법도 **준** / 법 **규** / 격식 **격**		
品質管理	品質管理	
품수 **품** / 바탕 **질** / 대롱 **관** / 다스릴 **리**		
限界效用	限界效用	
한정 **한** / 지경 **계** / 본받을 **효** / 쓸 **용**		
現在狀況	現在狀況	
나타날 **현** / 있을 **재** / 형상 **상** / 하물며 **황**		

合議内容	合議内容	
합할 **합** / 의논할 **의** / 안 **내** / 얼굴 **용**		
合資會社	合資會社	
합할 **합** / 재물 **자** / 모을 **회** / 모일 **사**		
海外投資	海外投資	
바다 **해** / 밖 **외** / 던질 **투** / 재물 **자**		
現狀維持	現狀維持	
나타날 **현** / 형상 **상** / 맬 **유** / 가질 **지**		
協同組合	協同組合	
화할 **협** / 한가지 **동** / 짤 **조** / 합할 **합**		
火災保險	火災保險	
불 **화** / 재앙 **재** / 보호할 **보** / 험할 **험**		
換地處分	換地處分	
바꿀 **환** / 땅 **지** / 곳 **처** / 나눌 **분**		
回轉資金	回轉資金	
돌아올 **회** / 구를 **전** / 재물 **자** / 쇠 **금**		
厚生福祉	厚生福祉	
두터울 **후** / 날 **생** / 복 **복** / 복 **지**		

서울 特別市		
仁川直轄市		
釜山直轄市		
光州直轄市		
大邱直轄市		
大田直轄市		

京畿道		
忠淸北道		
忠淸南道		
江原道		
全羅北道		
全羅南道		
慶尙北道		
慶尙南道		
濟州道		
咸鏡北道		
咸鏡南道		
平安北道		
平安南道		
黃海道		

水原	수 원	水 原			
富川	부 천	富 川			
安養	안 양	安 養			
果川	과 천	果 川			
九里	구 리	九 里			
渼金	미 금	渼 金			
河南	하 남	河 南			
城南	성 남	城 南			
始興	시 흥	始 興			
華城	화 성	華 城			
廣州	광 주	廣 州			
龍仁	용 인	龍 仁			
高陽	고 양	高 陽			
利川	이 천	利 川			
加平	가 평	加 平			
安城	안 성	安 城			
抱川	포 천	抱 川			
連川	연 천	連 川			
金浦	김 포	金 浦			
楊平	양 평	楊 平			

麗 州	여 주	麗 州			
春 川	춘 천	春 川			
江 陵	강 능	江 陵			
原 州	원 주	原 州			
溟 州	명 주	溟 州			
束 草	속 초	束 草			
高 城	고 성	高 城			
原 城	원 성	原 城			
墨 湖	묵 호	墨 湖			
橫 城	횡 성	橫 城			
寧 越	영 월	寧 越			
平 昌	평 창	平 昌			
三 陟	삼 척	三 陟			
鐵 岩	철 암	鐵 岩			
楊 口	양 구	楊 口			
麟 蹄	인 제	麟 蹄			
華 川	화 천	華 川			
洪 川	홍 천	洪 川			
旌 善	정 선	旌 善			
鐵 原	철 원	鐵 原			

大	田	대 전	大 田		
天	安	천 안	天 安		
燕	岐	연 기	燕 岐		
大	德	대 덕	大 德		
錦	山	금 산	錦 山		
唐	津	당 진	唐 津		
瑞	山	서 산	瑞 山		
論	山	논 산	論 山		
扶	餘	부 여	扶 餘		
淸	州	청 주	淸 州		
忠	州	충 주	忠 州		
堤	川	제 천	堤 川		
丹	陽	단 양	丹 陽		
鎭	川	진 천	鎭 川		
永	同	영 동	永 同		
陰	城	음 성	陰 城		
槐	山	괴 산	槐 山		
淸	原	청 원	淸 原		
木	浦	목 포	木 浦		
麗	水	여 수	麗 水		

順	天	순	천	順 天	
潭	陽	담	양	潭 陽	
谷	城	곡	성	谷 城	
和	順	화	순	和 順	
光	山	광	산	光 山	
靈	光	영	광	靈 光	
長	城	장	성	長 城	
羅	州	나	주	羅 州	
靈	岩	영	암	靈 岩	
大	川	대	천	大 川	
舒	川	서	천	舒 川	
長	項	장	항	長 項	
群	山	군	산	群 山	
裡	里	이	리	裡 里	
全	州	전	주	全 州	
井	州	정	주	井 州	
金	堤	김	제	金 堤	
南	原	남	원	南 原	
高	敞	고	창	高 敞	
淳	昌	순	창	淳 昌	

務安	무 안	務安			
海南	해 남	海南			
莞島	완 도	莞島			
長興	장 흥	長興			
筏橋	벌 교	筏橋			
馬山	마 산	馬山			
昌原	창 원	昌原			
鎭海	진 해	鎭海			
晋州	진 주	晋州			
忠武	충 무	忠武			
梁山	양 산	梁山			
蔚州	울 주	蔚州			
蔚山	울 산	蔚山			
東萊	동 래	東萊			
金海	김 해	金海			
密陽	밀 양	密陽			
統營	통 영	統營			
巨濟	거 제	巨濟			
南海	남 해	南海			
居昌	거 창	居昌			

咸	安	함	안	咸	安		
昌	寧	창	녕	昌	寧		
泗	川	사	천	泗	川		
固	城	고	성	固	城		
慶	州	경	주	慶	州		
永	川	영	천	永	川		
浦	項	포	항	浦	項		
達	城	달	성	達	城		
漆	谷	칠	곡	漆	谷		
星	州	성	주	星	州		
善	山	선	산	善	山		
軍	威	군	위	軍	威		
龜	尾	구	미	龜	尾		
尚	州	상	주	尚	州		
金	泉	김	천	金	泉		
榮	州	영	주	榮	州		
安	東	안	동	安	東		
店	村	점	촌	店	村		
聞	慶	문	경	聞	慶		
釜	山	부	산	釜	山		

약자 · 속자 쓰기

價	假	覺	擧	據	檢	輕	經	鷄	繼	館	關
価	仮	覚	挙	拠	検	軽	経	雞	継	舘	関
값 가	거짓 가	깨달을각	들 거	의거할거	검사할검	가벼울경	글 경	닭 계	이을 계	집 관	빗장 관

觀	廣	鑛	敎	舊	區	驅	鷗	國	權	勸	歸
観	広	鉱	教	旧	区	駆	鴎	国	権	勧	帰
볼 관	넓을 광	쇳돌 광	가르칠교	오랠 구	구역 구	몰 구	갈매기구	나라 국	권세 권	권할 권	돌아올귀

龜	氣	寧	腦	惱	單	斷	團	擔	膽	當	黨
亀	気	寧	脳	悩	単	断	団	担	胆	当	党
거북 귀	기운 기	편안할녕	머릿골뇌	괴로울뇌	홑 단	끊을 단	모임 단	멜 담	쓸개 담	마땅할당	무리 당

對	德	圖	讀	獨	燈	樂	亂	覽	來	兩	勵
対	徳	図	読	独	灯	楽	乱	覚	来	両	励
대답할대	덕 덕	그림 도	읽을 독	홀로 독	등불 등	즐길 락	어지러울란	볼 람	올 래	두 량	힘쓸 려

歷	聯	戀	靈	禮	勞	爐	綠	龍	屢	樓	離
歴	联	恋	灵	礼	労	炉	緑	竜	屡	楼	难
지날 력	잇닿을련	사모할련	신령 령	예 례	수고로울로	화로 로	초록빛록	용 룡	자주 루	다락 루	떠날 리
歴	联	恋	灵	礼	労	炉	緑	竜	屡	楼	难
歴	联	恋	灵	礼	労	炉	緑	竜	屡	楼	难

萬	蠻	灣	賣	麥	脈	面	發	拜	變	邊	辯
万	蛮	湾	売	麦	脉	面	発	拝	変	辺	弁
일만 만	오랑캐만	물구비만	팔 매	보리 맥	맥 맥	낯 면	필 발	절 배	변할 변	가 변	말잘할변
万	蛮	湾	売	麦	脉	面	発	拝	変	辺	弁
万	蛮	湾	売	麦	脉	面	発	拝	変	辺	弁

竝	寶	簿	拂	佛	寫	辭	產	狀	敍	釋	選
並	宝	簿	払	仏	写	辞	産	状	叙	釈	選
아우를병	보배보	문서부	떨칠불	부처 불	베낄사	말 사	낳을 산	모양상	펼 서	풀 석	가릴선

纖	攝	聲	燒	續	屬	數	獸	壽	肅	濕	乘
繊	摂	声	焼	続	属	数	獣	寿	肃	湿	乗
가늘 섬	당길 섭	소리 성	불사를소	이 을 속	붙 을 속	셈 할 수	짐 승 수	목 숨 수	엄숙할숙	젖 을 습	탈 승

繩	實	雙	兒	亞	惡	巖	壓	藥	讓	嚴	與
縄	実	双	児	亜	悪	岩	圧	薬	譲	厳	与
노끈 승	열매 실	쌍 쌍	아이 아	버금 아	악할 악	바위 암	누를 압	약 약	사양할 양	엄할 엄	줄 여

餘	譯	驛	鹽	營	藝	譽	豫	爲	應	醫	貳
余	訳	駅	塩	営	芸	誉	予	為	応	医	弐
나머지 여	통변할 역	역 역	소금 염	경영할 영	재주 예	기릴 예	미리 예	할 위	응할 응	의원 의	두 이

壹	殘	蠶	傳	轉	點	齊	濟	即	證	贊	參
壱	残	蚕	伝	転	点	斉	済	即	証	賛	参
하나 일	남을 잔	누에 잠	전할 전	구를 전	점 점	가지런할제	건널 제	곧 즉	증거 증	찬성할찬	참여할 참

處	鐵	廳	體	齒	廢	豐	學	號	畫	歡	會
処	鉄	庁	体	歯	廃	豊	学	号	画	歓	会
곳 처	쇠 철	관청 청	몸 체	이 치	폐할 폐	풍년 풍	배울 학	이름 호	그림 화	기쁠 환	모을 회

경조 · 증품 쓰기(1)

祝生日	祝生辰	祝還甲	祝回甲	祝壽宴	謹弔	購儀	弔儀	薄禮	餞別	粗品	寸志
祝生日	祝生辰	祝還甲	祝回甲	祝壽宴	謹弔	購儀	弔儀	薄禮	餞別	粗品	寸志
축생일	축생신	축환갑	축회갑	축수연	근조	부의	조의	박례	전별	조품	촌지

경조 · 증품쓰기(2)

祝合格	祝入學	祝卒業	祝優勝	祝入選	祝發展	祝落成	祝開業	祝榮轉	祝當選	祝華婚	祝結婚
祝合格	祝入學	祝卒業	祝優勝	祝入選	祝發展	祝落成	祝開業	祝榮轉	祝當選	祝華婚	祝結婚
축합격	축입학	축졸업	축우승	축입선	축발전	축낙성	축개업	축영전	축당선	축화혼	축결혼

인 사 의 말 씀

희망찬 새해의 봄을 맞이하여 삼가 귀사의 발전을 거듭 경축해 마지않습니다.

금번 저희가 아래 장소에서 최첨단의 기계를 도입하여 인쇄소를 개업하게 되었습니다. 이는 오로지 여러 사장님들께서 끊임없는 성원과 지원하여주신 덕택이라고 생각하오며 진심으로 감사를 드립니다. 앞으로 어느 인쇄소보다도 우월한 제품을 만들어 기일내 납품할 것을 약속드리오니 많은 지도편달 바라옵니다.

마땅히 찾아뵙고 인사드림이 도리인 줄 아오나 우선 지면을 빌어 인사를 대신하옵니다.

장   소 : 서울특별시 중랑구 신내동 522-1 민영B·D 106호

전화 : 491 - 9444

19 년   월   일

화산인쇄소 대표 천 혜 영 올림

초　　청　　장

　푸른 잎들이 익어 붉어만가는 만추가절에 삼가 귀하의 건승과 귀사의 발전을 앙축합니다.

　금번 저희 회사에서는 지난 1990년 10월에 착공하여, 그동안 공사를 진행해 왔던 안산 제2공장이 완공되었기에 아래와 같이 준공식과 아울러 축하행사를 갖게 되었습니다. 이는 오로지 귀하께서 평소 저희회사를 배려해주신 은덕이라 사료되옵니다.

　공사다망하실 줄 아오나 부디 왕림하시어 저희들을 격려하여 주시길 바라옵니다.

　　일 시 : 1995년 9월 27일 오전 11시

　　장 소 : 경기도 안산시 원곡동 반월공단2단지내

　　　　　1995년 8월 20일

　　　　서울시 중랑구 신내동 522-1

　　주식회사 현산 철강 대표이사 조 철 승 드림

입사추천에 대한 감사의 글

윤 전 하 선생님께.

소생의 기운이 온통 푸르스름으로 덮인 다스한 봄날, 선생님께서 존체 만안하시옵는지오?

일전에 바쁘신 중에도 손수 추천장을 상세히 써 주셔서 충심으로 감사드리옵니다. 현산물산 조철승 사장님을 찾아뵈었더니 선생님의 안부를 세세히 물으시고 곧 입사수수속을 밟을 수 있도록 자상히 절차를 일러주셨습니다. 이 모든 것이 선생님의 은덕이라 사료되오며 그 보답을 위해서는 무엇보다도 성실과 열의를 다하여 열심히 노력하는 것이라 굳게 다짐하고 있습니다.

진작 찾아뵈옵고 인사 올림이 마땅할 줄 아오나 생각보다 빨리 출근하게 되어 우선 글월 대신할까하옵니다.

1995년 3월 4일

제자 천 혜영 올림.

입 금 표

공급자 보관용

No. ―――

귀하

공급자	사업자 등록번호			
	상 호		성명	㉑
	사업장 소재지			
	업 태		종목	

작성	금	액	세	액
년 월 일	공란수 억 천 백 십 만 천 백 십 일	천 백 십 만 천 백 십 일		

합 계	십 억 천 백 십 만 천 백 십 일

내 용

위 금액을 영수함.

제 3 종 요금 영수(계산)서 (발행용)

19 년 월 일	행위인원 명	㉘	344505

품 명	단 가	수 량	금 액
주 류 대			
음 식 대			
기 타			

소계(세금 포함)

(유흥 음식세 세율 $\frac{5}{100}$)

위와 같이 영수(계산)합니다.
　　　　　　　　19 년 월 일

경영장 소재지
상 호
성 명
경영자 납세번호
전 화 번 호

※ 행위자는 반드시 영수증을 교부받아 유흥 음식세액의 25%의 보상금을 타시기 바랍니다. (용지의 색은 적색임)

당 좌 수 표

년 월 일

NO.
바00057325

금	액
교 부 처	
적 요	

지 급 자 주식회사 현산은행　　앞 바00087421

금　　　　　　　₩ ―――――

위의 금액을 이 수표와 상환하여 소지인에게 지급하여 주십시오.　年 月 日

발 행 지
발 행 인　　　　　㉑

점선 아래부분의 앞면과 뒷면은 필기 날인하지 마시고 오손되지 않도록 주의하십시오.

약 속 어 음

No.
아00519171

귀하　　아00519171

발 행 일 년 월 일	
지 급 일 년 월 일	
금 액	
수 취 인	
적 요	
잔 액	

금　　　　　₩

위의 금액을 귀하 또는 귀하의 지시인에게 이 약속어음과 상환하여 지급하겠습니다.
지 급 기 일 년 월 일　　발 행 일 년 월 일
지 급 지　　　　　　발 행 지
지 급 장 소 주식회사 현산은행　주 소
　　　　　　　　　　발 행 인　　㉑

점선 아래의 앞뒷면은 전산처리 부분이오니 글씨를 쓰거나 더럽히지 마십시오.

아라비아 숫자 필법

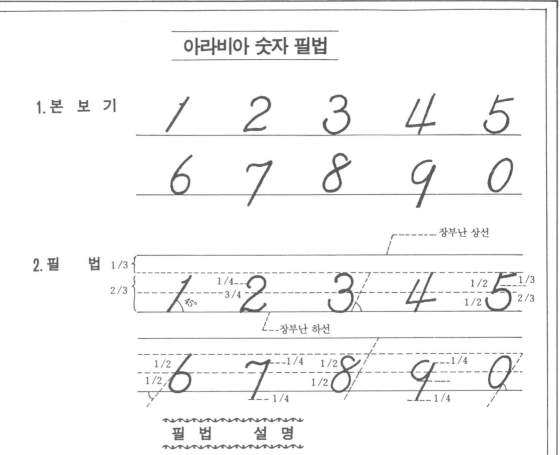

1. 본 보 기

2. 필 법

장부난 상선

장부난 하선

필 법 설 명

당행에서 사용하는 아라비아 숫자 자체는 기장상의 체재와 속필의 효과 도 말 개서의 방지까지도 고려하여 제정한 것이다. 숫자는 10자에 불과하나 은 행 업무상은 물론 일상 생활에 있어서까지도 가장 많이 접촉하는 숫자이니 만큼 다음 필법에 주의하여 조속히 필체를 고정시키도록 하여야 할 것이다.

(1) 각자의 최하부는 최하부는 장부난 하선에 접하여야 하며(7, 9는 예 외) 자획은 대략 45도의 각도로 경사시키도록 한다.

(2) 매자의 높이는 동일하며 장부난의 2/3를 초과하여서는 아니 된다.

(3) 7 및 9자는 약간(각자 높이의 약 1/4) 내려서 써야 한다. 따라서 그 만큼 자미가 장부난 하선을 뚫고 내려간다.

(4) 2자의 첫 획은 전체 1/4 되는 곳에서부터 쓰기 시작한다.

(5) 3자의 둘레는 아래 둘레가 윗둘레보다 크다.

(6) 4자는 내려 그은 양획이 평행하며 옆으로 그은 획은 장부난 하선에 평행하여야 한다.

(7) 5자는 아래 둘레 높이가 전체 높이의 2/3 정도이다.

(8) 6자는 아래 둘레 높이가 전체 높이의 1/2 정도이다.

(9) 7자는 상부의 각형에 주의할 것.

(10) 8자는 상하 둘레가 대략 같다.

(11) 9자는 상부의 원형에 주의할 것.   (한국은행 제공)

아라비아 숫자 쓰기

1 2 3 4 5 6 7 8 9 0

문서 발송부 · 접수부

문 서 발 송 부

발신 일자		발신번호	수 신 자	문서번호	제 목	발신자	종별	주무부서	담당자	인

문 서 접 수 부

접수 날짜		접 수 번 호	발 신 자	문서번호	제 목	첨부 서류	종별	주무 부서	접수자	인

품 의 서

품 의 서

문서 번호		기안자	과 장	부 장	이 사	전 무	사 장
결 재	19 년 월 일						
기 안	19 년 월 일						
수 신							
참 조							

제 목 :

一	二	三	四	五	六	七	八	九	十
한 일	두 이	석 삼	넉 사	다섯 오	여섯 륙	일곱 칠	여덟 팔	아홉 구	열 십
一	二	三	四	五	六	七	八	九	十
一	二	三	四	五	六	七	八	九	十

壹	貳	參	拾	百	千	萬	億	金	整
한 일	두 이	석 삼	열 십	일백 백	일천 천	일만 만	억 억	쇠 금	정돈 정
壹	貳	參	拾	百	千	萬	億	金	整
壹	貳	參	拾	百	千	萬	億	金	整